W0198134

WEISST DU,
DASS DIE BÄUME REDEN

Alles Liebe zum Geburtstag,

Deine Rosmarie

23. 3. 02

WEISST DU, DASS DIE BÄUME REDEN

WEISHEIT DER INDIANER

Ausgewählt und übertragen von
Käthe Recheis und Georg Bydlinski

Mit Begleittexten von Lene Mayer-Skumanz
und Originalfotos von Edward S. Curtis

Herder Freiburg · Basel · Wien

INHALT

Alle Rechte vorbehalten – Printed in Germany
© Verlag Herder Freiburg im Breisgau 1998
(Erstausgabe 1983)
Satz: Layoutsatz Kendlinger
Herstellung: Freiburger Graphische Betriebe 1998
ISBN 3-451-26571-0

VORWORT

Als die Europäer nach Nordamerika kamen, gab es dort unzählige indianische Völker mit den verschiedenartigsten Kulturen, von steinzeitlichen Sammlern, nomadischen Jägern bis zu Ackerbauern und den „Stadtkulturen" der Pueblos. Manche dieser Stämme lebten in losen Sippenverbänden, manche besaßen ein hochentwickeltes, differenziertes Gesellschaftssystem, aufgebaut auf demokratischen Grundsätzen, die Europa damals noch kaum kannte.

Mit der Eroberung des nordamerikanischen Kontinents durch die Europäer wurden alle diese Kulturen in ihrer Entwicklung grausam unterbrochen. Was der Welt und auch uns selber damit verlorenging, beginnen wir erst jetzt zu ahnen. Denn etwas unterscheidet indianisches Denken und indianische Lebenshaltung grundsätzlich von unserem Denken und unserer Einstellung zum Leben: Während für uns der Mensch der „Herr der Schöpfung" ist – berechtigt, die Natur zu unterwerfen und dienstbar zu machen –, fühlt sich der Indianer als Teil dieser Erde. Für ihn „lebt" die ganze Schöpfung, sei es nun Erde, Wasser, Stein, Pflanze, Tier oder Mensch. Deshalb ist das Verhältnis des Indianers zur übrigen Schöpfung von einem Respekt bestimmt, den wir nicht besitzen. Wären wir nicht als Eroberer gekommen, wären wir fähig gewesen, Fremdartiges anzuerkennen und daraus zu lernen, vielleicht sähe unser eigenes

„Wir sind ein Teil dieser Erde."
Lame Deer

5

Leben jetzt anders aus. Erst heute, da unsere Rücksichtslosigkeit gegenüber den anderen Geschöpfen sich gegen uns zu wenden beginnt und die vergewaltigte und ausgebeutete Natur uns selber zu zerstören droht, können wir den Schmerz und die Verzweiflung der indianischen Völker begreifen, die zusehen mußten, wie all das, was ihnen heilig war, ihre Mutter Erde mit den vielfältigen Lebensformen, ebensowenig geachtet wurde wie sie selber.

Manche ihrer Worte, gesprochen vor zwei- oder dreihundert Jahren, muten uns heute prophetisch an. Damals hörten wir ihre Stimme nicht; der sogenannte „Wilde" und seine Gedanken, sein Beitrag zu unserer Welt, mußten unserer Zivilisation weichen. Wir können vergangenes Unrecht nicht wiedergutmachen. Aber wir können heute zumindest hören auf das, was uns die Indianer Nordamerikas zu sagen haben, und wir werden darin manche Werte finden, die uns verlorengegangen sind und die wir erst wieder suchen müssen.

Die Bilder in diesem Buch stammen von Edward S. Curtis, der am Beginn des 20. Jahrhunderts die dahinschwindenden indianischen Kulturen in seinen Fotos festhalten und bewahren wollte. Damals nannte man den Indianer den „sterbenden roten Mann". In den letzten Jahrzehnten ist das Selbstbewußtsein der indianischen Völker aber wieder erwacht; sie wollen ihre Eigenständigkeit bewahren und ihr geistiges Erbe in unserer Zeit mit neuem Sinn erfüllen.

Käthe Recheis, Georg Bydlinski

WEISST DU, DASS DIE BÄUME REDEN

▼▼▼▼▼▼▼▼▼▼

*Lame Deer (Tahca Ushte) wurde
um 1900 auf der Rosebud Reservation in Süddakota geboren
und starb 1974; er war Medizinmann der Sioux.*

*Die Sioux, ein großes Volk mit
demokratischer Stammesorgani-
sation, lebten zuerst als Ackerbauern und Jäger. Als die indianischen Völker vor den Weißen
nach Westen auswichen und als
das Pferd (von den Spaniern
nach Amerika gebracht) sich in
Nordamerika verbreitet hatte,
zogen die Sioux in die weite
Grasebene, in die „Plains", und
wurden nomadisierende Büffeljäger.*
*Der Name Sioux (ausgespro-
chen: Ssu) ist die Abkürzung
eines Ojibway-Wortes für
„Schlangen" (Feinde). Sie selber
nennen sich Lakota (westliche
Stämme) oder Dakota (östliche
Stämme); dies bedeutet
„Freunde", „Verbündete".*

*Die Pfeife ist ein Symbol für die
Verbundenheit des Menschen mit
dem Schöpfergeist und mit der
ganzen Schöpfung.*

WIR ALLE MÜSSEN LERNEN, uns als Teil dieser
Erde zu sehen, nicht als einen Feind, der von außen
kommt und ihr seinen Willen aufzuzwingen sucht. Wir,
die wir das Geheimnis der Pfeife kennen, wissen auch,
daß wir als lebendiger Teil dieser Erde ihr nicht Gewalt
antun können, ohne uns selber zu verletzen.

Lame Deer

DER RAUCH AUS UNSERER HEILIGEN PFEIFE
ist der Atem des Großen Geistes. Wenn wir beisam-
mensitzen und die Pfeife rauchen, bilden wir einen
Kreis, der ohne Ende ist und alles umschließt, was auf
der Erde lebt.

Lame Deer

WENN WIR DER ERDE ETWAS WEGNEHMEN, müssen wir ihr auch etwas zurückgeben. Wir und die Erde sollten gleichberechtigte Partner sein. Was wir der Erde zurückgeben, kann etwas so Einfaches – und zugleich so Schwieriges – wie Respekt sein.

Die Suche nach Öl, Kohle und Uran hat der Erde bereits großen Schaden zugefügt, aber noch kann dieser Schaden wiedergutgemacht werden – wenn wir es wollen. Beim Abbau von Bodenschätzen werden Pflanzen vernichtet. Es wäre recht und billig, der Erde Samen und Schößlinge anzubieten und dadurch wieder zu ersetzen, was wir zerstört haben. Eines müssen wir lernen: Wir können nicht immer nur nehmen, ohne selber etwas zu geben. Und wir müssen unserer Mutter, der Erde, immer so viel geben, wie wir ihr weggenommen haben.

Jimmie C. Begay

Jimmie C. Begay, ein Navajo, veröffentlichte diese Gedanken in der indianischen Zeitung „Akwesasne Notes" (Akwesasne: „Wo das Rebhuhn balzt"), die vom Volk der Mohawk herausgegeben wird und für das neue indianische Selbstverständnis charakteristisch ist. Das Recht, als Indianer in unserer Zeit überleben zu können, wird nicht mit Waffen, sondern mit geistigem Einsatz erkämpft.

Wie viele indianische Völker glaubten auch die Sioux, daß Tiere und Pflanzen, Wasser und Steine, Erde und Himmelskörper von einer geheimnisvollen Kraft („wakan") durchdrungen sind. „Wakan" läßt sich schwer übersetzen, es bedeutet in etwa heilig, geheimnisvoll, übernatürlich. „Wakan-Tanka" (Großes Geheimnis) ist das Wort der Sioux für die Gottheit, die Schöpferkraft. Die Bezeichnung „Großer Geist" (nach dem Algonkin–Wort „Kitche Manitou") wurde von den einwandernden Europäern übernommen und auf alle Indianervölker ausgeweitet.

LASST UNS ALLE HIER NIEDERSITZEN in der freien Prärie, wo wir keine Straße und keinen Zaun sehen. Setzen wir uns nicht auf eine Decke, unsere Körper sollen den Boden spüren, die Erde, den Widerstand der Stauden, die sich unserer Berührung anpassen. Das Gras soll unsere Matratze sein, damit wir seine Schärfe spüren und seine Weichheit. Laßt uns wie Steine sein, wie Pflanzen und Bäume. Laßt uns Tiere sein, laßt uns denken und fühlen wie sie.

Horch auf die Luft! Du kannst sie hören, sie spüren, sie riechen und schmecken. Woniya wakan, die heilige Luft, die alles mit ihrem Atem erneuert. Woniya, woniya wakan: Geist, Leben, Atem, Neuwerdung – das Wort bedeutet all dies. Woniya – wir sitzen nebeneinander, wir berühren uns nicht, aber etwas ist da; wir fühlen, daß etwas in unserer Mitte gegenwärtig ist. Das ist ein guter Anfang, um über die Natur nachzudenken und über sie zu reden. Aber reden wir nicht nur *über* sie – reden wir *mit* ihr, sprechen wir mit den Flüssen, den Seen und den Winden wie mit unseren Verwandten.

Lame Deer

WEISST DU, DASS BÄUME REDEN? Ja, sie reden. Sie sprechen miteinander, und sie sprechen zu dir, wenn du zuhörst. Aber die weißen Menschen hören nicht zu. Sie haben es nie der Mühe wert gefunden, uns Indianer anzuhören, und ich fürchte, sie werden auch auf die anderen Stimmen in der Natur nicht hören. Ich selbst habe viel von den Bäumen erfahren: manchmal etwas über das Wetter, manchmal über Tiere, manchmal über den Großen Geist.

Tatanga Mani

ICH LIEBE ES, die langohrigen Maultierhirsche zu betrachten, wenn sie sich auf einem hohen Hügelkamm gegen den Himmel abzeichnen. Alle Lebewesen sind meine Verwandten – selbst ein winziger Käfer!

Lame Deer

Tatanga Mani (Walking Buffalo, geboren 1871, gestorben 1967) gehörte zum Volk der Stoney in Kanada. Obwohl er als Kind von einem weißen Missionar adoptiert worden war und eine gute Schulausbildung erhalten hatte, vergaß er seine Herkunft nie. Er wurde Häuptling seines Volkes in jener schwierigen Zeit, als die Indianer ihren Lebensraum verloren hatten und mit der Zivilisation der Weißen konfrontiert wurden.

Lame Deer, dessen „weißer" Name John Fire lautet, hatte einen Freund, Richard Erdoes, der 1940 vor der Hitlerdiktatur nach Amerika emigriert war. Ihm erzählte Lame Deer sein Leben, ihm erklärte er seine Gedanken.

GEBET AN DEN JUNGEN ZEDERNBAUM

Beim Volk der Kwakiutl in Britisch Columbia, Kanada, war jeder alltägliche Arbeitsablauf mit einem Gebet verbunden. Mit althergebrachten Formeln und Anrufungen wurden Pflanze und Tier geehrt, der Mensch nahm das für sein Leben Notwendige als Geschenk von ihnen.

Schau mich an, Freund!
Ich bin gekommen, dich um dein Kleid zu bitten.
Du gibst uns alles, was wir brauchen –
dein Holz, deine Rinde, deine Äste
und die Fasern deiner Wurzeln,
denn du hast Erbarmen mit uns.
Du bist gern bereit, uns dein Kleid zu geben.
Ich bin gekommen, dich darum zu bitten,
Spender langen Lebens,
denn ich will ein Körbchen für Lilienwurzeln
aus dir machen.
Ich bitte dich, Freund, zürne mir nicht
und trag mir nicht nach,
was ich jetzt mit dir tun werde.
Und ich bitte dich, Freund,
erzähle auch deinen Freunden,
warum ich zu dir gekommen bin.
Beschütze mich, Freund!
Halte Krankheit fern von mir,
damit ich nicht in Krankheit oder Krieg umkomme,
o Freund!

Gebet der Kwakiutl

Dieses Gedicht hat Ho-chee-nee Jimalee Burton, eine Cherokee-Indianerin, im Jahr 1974 geschrieben.
Die Cherokee lebten ursprünglich im Südosten der Vereinigten Staaten, sie wohnten in größeren Siedlungen und hatten eine demokratische Regierungsform. Ihr Wohlstand erregte den Neid der weißen Eroberer, sie wurden gewaltsam nach Oklahoma übersiedelt, in ein dürres, unfruchtbares Gebiet.

DER JÄGER SPRICHT DEN HIRSCH AN, DEN ER ERLEGT HAT

Es tut mir leid, daß ich dich töten mußte,
kleiner Bruder.
Aber ich brauche dein Fleisch,
denn meine Kinder hungern.
Vergib mir, kleiner Bruder.
Ich will deinen Mut, deine Kraft
und deine Schönheit ehren – sieh her!
Ich hänge dein Geweih an diesen Baum;
jedesmal, wenn ich vorüberkomme,
werde ich an dich denken
und deinem Geist Ehre erweisen.
Es tut mir leid, daß ich dich töten mußte;
vergib mir, kleiner Bruder.
Sieh her,
dir zum Gedenken
rauche ich die Pfeife,
verbrenne ich diesen Tabak.

Jimalee Burton

14

ÖSTLICH VOM HAUS meiner Großmutter steigt die Sonne am Morgen aus der Grasebene empor. Einmal in seinem Leben – so glaube ich – sollte ein Mensch sich mit seinem ganzen Wesen auf ein Stück vertrauter Erde konzentrieren. Er sollte sich einer Landschaft, die er kennt, ganz hingeben, sie aus so vielen Blickwinkeln betrachten, wie es ihm möglich ist, über sie staunen und bei ihr verweilen. In seiner Vorstellung sollte er sie zu jeder Jahreszeit mit seinen Händen berühren und ihre vielfältigen Laute in sich aufnehmen. Er sollte sich die Geschöpfe vorstellen, die dort leben, und jeden Windhauch spüren, der darüberstreicht. Er sollte in sich die Erinnerung wachrufen an das strahlende Mittagslicht und an all die Farben der Morgendämmerung und der abendlichen Dunkelheit.

N. Scott Momaday

N. Scott Momaday (geboren 1934) ist einer der bekanntesten indianischen Autoren. Er ist Universitätsprofessor für Englisch und vergleichende Literaturwissenschaft. Für seinen Roman „House Made of Dawn" erhielt er den Pulitzerpreis. Seine Mutter war eine Cherokee, sein Vater gehörte dem Volk der Kiowa an, dessen große Wanderung Momaday in dem Buch „The Way to Rainy Mountain" beschrieben hat. Aus diesem Werk stammen die Texte Momadays im vorliegenden Band.

▼▼▼▼▼▼▼▼▼

*Das Volk der Apachen feierte das
Erwachsenwerden der Mädchen
mit festlichen Zeremonien, zu
denen auch ein Liederzyklus
gehörte. Das Erwachen des
Tages, das Erwachen der Natur
im Frühling ist ein Bild für
Lebenskraft und Hoffnung nicht
nur für die jungen Mädchen,
sondern für die ganze Gemeinschaft des Stammes.*

DORT IM OSTEN,
in der Mitte seines Pfads,
spreizt der schwarze Truthahn seine Federn,
und es fängt zu dämmern an.
Der schwarze Truthahn Nacht
spreizt die leuchtenden Federn;
weiß ist schon die Morgendämmerung.
Der schwarze Truthahn
spreizt sein Schwanzgefieder;
der Himmel über uns wird gelb.
Die Sonne schickt ihre Strahlen herab,
Sonnenknaben tanzen auf ihnen
in gelben, schimmernden Mokassins.
Im Osten wölbt sich der Regenbogen,
Mädchen der Morgendämmerung,
in schimmernden Mokassins und gelbem Gewand,
tanzen über uns am Himmel.
Über uns beginnt der Tag zu glühen.

Zeremonialgesang der Mescalero-Apachen

16

ICH GING ÜBER EINE BERGWIESE, buntleuchtend mit den Blüten der scharlachroten Kastillea, der Lupinien und des wilden Buchweizens, und ich sah oben in den Zweigen einer Kiefer ein Gimpelmännchen, rund und rosafarben, die dunklen weißgestreiften Flügel fast nicht auszunehmen in dem sanften, von Schatten gesprenkelten Licht. Und mir war, als wanderten die Zweige an der höchsten Spitze des Baumes ganz langsam über den blauen Himmel.

N. Scott Momaday

ICH WEINE VOR DURST

Ich weine, ich weine vor Durst.
Singend bitte ich um Regen.
Tanzend bitte ich um Regen.
Der Himmel beginnt
seine Tränen zu vergießen,
   denn er sieht mich,
     wie ich singe,
   denn er sieht mich,
     wie ich tanze
     auf der trockenen,
     aufgesprungenen Erde.

Alonzo Lopez

Die ursprüngliche Heimat der Kiowa war das Quellgebiet des Yellowstoneflusses. Auf ihrer langen Wanderung in die südliche Prärie übernahmen sie die Religion der Prärievölker und lernten, Pferde zu halten. Sie verbündeten sich mit den Comanchen und hatten ungefähr 100 Jahre lang eine gewisse Vormachtstellung inne, bevor sie von den vordrängenden Weißen besiegt wurden. Momaday beschreibt immer wieder das Leben der Indianer, das er als Kind kennen- und liebenlernte. In den alten Kiowa-Mythen, die ihm seine Großmutter erzählte, will er die Spuren der tatsächlichen Geschichte aufzeigen.

Alonzo Lopez, ein Papago-Indianer, wurde im südlichen Arizona, im Pima County, geboren. Das 1972 veröffentlichte Gedicht steht in der Tradition der Gebete um Regen, die für die Völker in den Wüsten und Halbwüsten des Südwestens der USA charakteristisch sind.

18

DAS LAND IN NEW MEXICO hat vielerlei Farben. Als ich ein Junge war, ritt ich oft über die rote und gelbe und purpurfarbene Erde westlich des Pueblo Jemez. Mein Pferd war ein kleiner Rotschimmel, schnell und mühelos zu reiten. Ich ritt durch die Dünen, vorbei an Tafelbergen und Klippen, hinunter in Canyons und ausgetrocknete Bachbetten. Ich lernte dieses Land kennen, nicht wie ein Reisender, der sich an bestimmten Merkmalen orientiert, die er in der Ferne sieht, sondern viel echter und inniger, zu jeder Jahreszeit und aus tausend verschiedenen Blickwinkeln. Noch immer spüre ich die Bewegung meines Pferdes und höre den Klang seiner Hufschläge. Ich weiß, welch ein Gefühl es ist, an einem heißen August- oder Septembertag in eine kühle, erfrischende Regenwand hineinzureiten.

N. Scott Momaday

Pueblo: Verschiedene Indianervölker im Südwesten der USA bauten ihre Häuser aus getrockneten Lehmziegeln. Die einzelnen Stockwerke waren nur durch Leitern zu erreichen. Bei Überfällen nomadisierender Stämme konnten die Leitern hochgezogen werden.

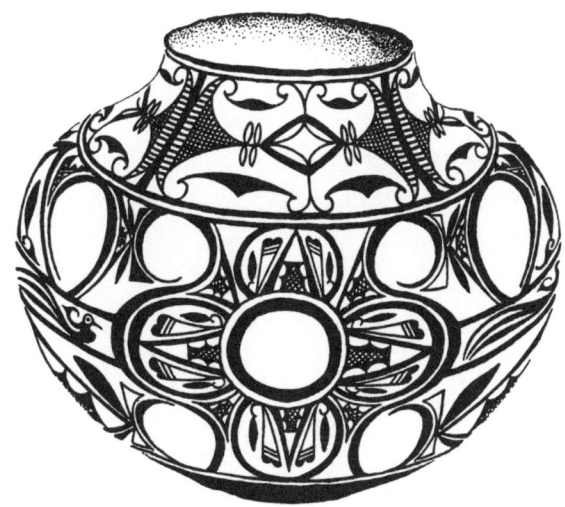

19

DIE STIMME DES BLAUVOGELS

*Der Blauvogel ist für die Navajo
ein Sinnbild der Freude; seine
Stimme ertönt beim Nahen des
lebenspendenden Regens. Der
Text stammt aus einem Zeremonialgesang, der um Fruchtbar-
keit bittet. Die Navajo leben in
den Wüsten und Halbwüsten
von Arizona und New Mexico.
Sie selbst nennen sich Diné
(„Menschen"). Von ihren Nach-
barvölkern lernten sie viele Fer-
tigkeiten, von den Pueblo-India-
nern zum Beispiel das Weben,
von den Mexikanern die Verar-
beitung von Silber. Navajo-
Schmuck aus Silber und Türkis,
ihrem heiligen Stein, ist heute
weithin berühmt.*

Schau nur nach Osten!
Die weißen Bohnen
und die hohen Maispflanzen
verbinden sich mit dem weißen Muster der Blitze.
Horch! Der Regen kommt näher, der Regen!
Die Stimme des Blauvogels ertönt.
Schau nur nach Osten!
Die weißen Bohnen
und die schönen Kürbispflanzen
verknüpfen sich mit dem Regenbogen.
Horch! Der Regen kommt näher, der Regen!
Die Stimme des Blauvogels ertönt.

Von den Spitzen der hohen Maispflanzen
strömt das Wasser glucksend herab,
ich kann es hören;
rings um die Wurzeln
rauscht schäumend das Wasser,
ich kann es hören;
um die Wurzeln der Pflanzen
rauscht es und schäumt es,
ich kann es hören;
von ihren Spitzen
stürzt sich das Wasser herab,
ich kann es hören.

Der Mais wächst. Aus den dunklen Wolken
tropft das Wasser, das Wasser.

Der Regen fällt. Von den Blättern der Maispflanzen
tropft das Wasser, das Wasser.
Der Regen fällt. Von den Blättern aller Pflanzen
tropft das Wasser, das Wasser.
Der Mais wächst. Aus dem dichten Nebelgewebe
tropft das Wasser, das Wasser.

Zeremonialgesang der Navajo

▼▼▼▼▼▼▼▼▼

Das Gedicht „In Kanada" hat die sechsjährige Schülerin Nancy Benton verfaßt. In den neuen indianischen Schulen wird Wert auf die Pflege alter literarischer Formen gelegt. Schon immer drückten Indianer ihre religiösen oder persönlichen Gedanken und Gefühle im Gedicht aus.

IN KANADA
verriet mir
ein freundlicher Wolf
ein Geheimnis.
Über den See – das blaue Wasser –,
über die kleinen Fische
und die Haie.

Nancy Benton, 6 Jahre

Der Name Luther wurde dem elfjährigen Lakota-Jungen Plenty Kill (geboren 1868) in der Regierungsschule von Carlisle, Pennsylvania, von weißen Lehrern gegeben. Mit Gewalt versuchte man, aus den Indianern „zivilisierte Amerikaner" zu machen. Die Kinder durften ihre eigene Sprache nicht mehr sprechen, sie mußten ihre Kultur vergessen und mit der Kleidung auch Gedanken und Gefühle wechseln ...
Als Erwachsener erhielt Plenty Kill den Namen „Standing Bear".

DIE ALTEN LAKOTA WAREN WEISE. Sie wußten, daß das Herz eines Menschen, der sich der Natur entfremdet, hart wird; sie wußten, daß mangelnde Ehrfurcht vor allem Lebendigen und allem, was da wächst, bald auch die Ehrfurcht vor dem Menschen absterben läßt. Deshalb war der Einfluß der Natur, die den jungen Menschen feinfühlig machte, ein wichtiger Bestandteil ihrer Erziehung.

Luther Standing Bear

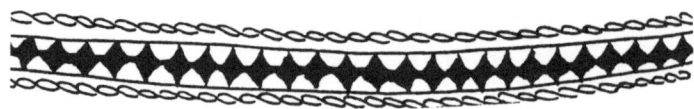

WIR MÜSSEN FÜREINANDER SORGE TRAGEN

Carol Cornelius vom Volk der Mohawk (Irokesen) hat diesen Text 1981 in der Zeitung „Akwesasne Notes" veröffentlicht. Die Irokesen hatten sich zu einem Staatenbund zusammengeschlossen, dem fünf, später sechs Völker angehörten: Seneca, Cayuga, Onondaga, Oneida, Mohawk, Tuscarora. Ihr Gebiet lag im heutigen Staat New York. Heute leben die Irokesen in Reservationen im Staat New York und in Kanada. Frauen genießen bei den Irokesen besonderes Ansehen; in ihren Händen lag die Bestellung der Felder. Die Irokesen züchteten Mais, Bohnen und Kürbisse. Sie bauten Langhäuser, in denen immer mehrere Familien wohnten. Die führende Rolle in einem Langhaus spielte eine ältere Frau, die vom Familiengroßverband für diese Aufgabe gewählt wurde. Diese Frauen besaßen großen Einfluß im Stammesleben, sie wählten den Friedenshäuptling der Siedlung, konnten ihn aber auch wieder absetzen, wenn er sein Amt nicht gut ausübte. Die Friedenshäuptlinge, Sachems genannt, bildeten den Stammesrat, die höchste „Behörde" des Volkes.

WIR MÜSSEN FÜREINANDER SORGE TRAGEN

und füreinander da sein. Deshalb fragen wir uns bei jeder Entscheidung, die wir treffen, welche Folgen sie für spätere Zeiten hat und ob sie den kommenden Generationen nützt oder schadet. Wir arbeiten mühevoll auf unseren Feldern, von deren Früchten wir leben; genauso müssen wir jede Mühe auf uns nehmen, für die Menschen zu sorgen, die um uns sind – denn auch von ihnen leben wir.

Carol Cornelius

WENN DU DEIN HERZ nicht hart werden läßt, wenn du deinen Mitmenschen kleine Freundlichkeiten erweist, werden sie dir mit Zuneigung antworten. Sie werden dir freundliche Gedanken schenken. Je mehr Menschen du hilfst, desto mehr dieser guten Gedanken werden auf dich gerichtet sein. Daß Menschen dir wohlgesinnt sind, ist mehr wert als Reichtum.

Henry Old Coyote

Henry Old Coyote war 60 Jahre alt, als er 1972 vom amerikanischen Myrin-Institut für Erwachsenenbildung eingeladen wurde, auf einer Tagung über indianische Erziehungsmethoden zu sprechen.

GROSSER GEIST, BEWAHRE MICH DAVOR, über einen Menschen zu urteilen, ehe ich nicht eine Meile in seinen Mokassins gegangen bin.

Unbekannter Apachenkrieger

Der Name „Apache" stammt aus der Sprache der Pueblo-Indianer („Apachu": „Feinde"). Die Apachen waren im Kampf ausdauernd und besonders mutig. Ihre berühmtesten Führer waren Cochise und Geronimo. Nach erbittertem Widerstand wurde der Stamm unterworfen und in Reservationen angesiedelt.

25

DIE LETZTEN JAHRE war ich für den Sonnentanz verantwortlich und leitete die Zeremonien, aber diesmal habe ich die Aufgabe einem jüngeren Medizinmann übertragen, dessen Lehrer ich war. Vielleicht ist das mein Opfer, das ich heute bringe – ich verzichte auf meine Macht, gebe sie weiter, überlasse die Ehre jemand anderem. Bei uns Sioux gibt es keine Kluft zwischen den Generationen, wie man sie bei euch findet. Wir halten es für richtig, unsere jungen Leute so zu leiten, daß sie unseren Platz einnehmen können; das ist der Weg, den die Natur uns zeigt. Vielleicht ist diese Bereitschaft, mit den Jungen unsere Macht zu teilen, der Grund dafür, daß bei uns die Alten geliebt und geachtet werden und daß den Generationen das Gespräch miteinander leichtfällt.

Lame Deer

Der Sonnentanz ist die älteste und feierlichste religiöse Zeremonie der Prärievölker. Dieser Tanz, in dem der Körper des Menschen „zum Gebet wird" (Lame Deer), vereint das Volk mit dem Göttlichen. Während des Tanzes nehmen die jungen Männer große körperliche Schmerzen auf sich, denn ihr Körper „ist das einzige, was wirklich ihnen gehört, was sie als Opfer geben können".
Lange Zeit waren der Sonnentanz und alle anderen religiösen und sozialen Feiern der Prärie-Indianer verboten; man wollte Kultur und indianische Lebensweise auslöschen.
„Medizinmann" ist eine unvollkommene Übersetzung für den Begriff des „heiligen Mannes", des „Heilers", des Mittlers zwischen dem göttlichen Geheimnis und dem Menschen. Medizinmann wird nur, wer durch einen Traum, eine Vision dazu ermutigt worden ist.

Calvin O. John, geboren 1946 in Denver, Colorado, hat sich als Lyriker und Maler einen Namen gemacht.

DIESER TAG IST VORÜBER

Wenn der Tag vorüber ist,
denke ich an alles, was ich getan habe.
Habe ich den Tag vergeudet,
oder habe ich etwas erreicht?
Habe ich mir einen neuen Freund gemacht
oder einen Feind?
War ich wütend auf alle,
oder war ich freundlich?
Was ich auch heute getan habe,
es ist vorbei.
Während ich schlafe,
bringt die Welt einen neuen, strahlenden Tag hervor,
den ich gebrauchen kann
oder vergeuden,
oder was immer ich will.
Heute abend nehme ich mir vor:
ich werde gut sein,
ich werde freundlich sein,
ich werde etwas tun,
was wert ist, getan zu werden.

Calvin O. John

Luther Standing Bear hatte das Erziehungs- und Schulsystem der weißen Amerikaner am eigenen Leib erfahren müssen. Indianerkinder, die ihre eigene Sprache verwendeten, wurden hart bestraft. Standing Bear betonte in seinen Schriften die Freundlichkeit seines Volkes Kindern gegenüber. Er war überzeugt, daß nicht nur die Indianer von den Weißen, sondern auch die Weißen von den Indianern lernen können. Die weißen Amerikaner, die die indianische Kultur ablehnen und ihr verständnislos gegenüberstehen, „berauben sich selbst", meinte er.

IM STAMM DER LAKOTA war jeder gern bereit, Kinder zu betreuen. Ein Kind gehörte nicht nur einer bestimmten Familie an, sondern der großen Gemeinschaft der Sippe; sobald es gehen konnte, war es im ganzen Lager daheim, denn jeder fühlte sich als sein Verwandter. Meine Mutter erzählte mir, daß ich als Kind oft von Zelt zu Zelt getragen wurde und sie mich an manchen Tagen nur hie und da zu Gesicht bekam. Niemals sprachen meine Eltern oder Verwandten ein unfreundliches Wort zu mir, und niemals schalten sie mich, wenn ich etwas falsch gemacht hatte. Ein Kind zu schlagen war für einen Lakota eine unvorstellbare Grausamkeit.

Luther Standing Bear

DIE MENSCHEN MEINES VOLKES waren weise. Sie vernachlässigten ihre Kinder nicht. Unsere Lehrer – Großväter, Väter, Onkel – waren sorgfältig und geduldig. Sie versäumten es nie, eine gute Leistung zu loben, vermieden es aber, dabei ein Wort zu sagen, das einen anderen Jungen entmutigt hätte, der nicht so schnell lernte. Wenn ein Junge versagte und eine Aufgabe nicht bewältigte, nahmen sie sich seiner mit doppelter Mühe an, bis er seine Fähigkeiten entfaltet hatte und so weit war, wie es seinen Anlagen entsprach.

Plenty Coups

Häuptling Aleek-chea-ahoosh (Plenty Coups, geboren 1848, gestorben 1932) war ein Crow. Die Crow lebten von der Büffeljagd. Plenty Coups mußte die Ausrottung der Büffel durch die Weißen miterleben. Als er später, als alter Mann, Frank B. Linderman seine Lebensgeschichte erzählte, weigerte er sich, über die Zeit nach dem Verschwinden der Büffel zu sprechen.

INDIANERKINDER sind
nie allein. Immer sind sie
von Großeltern, Onkeln,
Cousins und Cousinen oder
anderen Verwandten umge-
ben, die die Kinder liebko-
sen, ihnen Lieder vorsingen
oder Geschichten erzählen.
Wohin die Eltern auch ge-
hen, die Kinder gehen mit.

Lame Deer

WIEGENLIED

Ich will
für meinen kleinen Bruder
einen kleinen Vogel schießen.
Ich will
für meine kleine Schwester
einen kleinen Fisch erlegen.

Haida-Indianer

*Die Haida leben an der Nord-
westküste Kanadas und sind für
ihre Schnitzkunst berühmt. In
ihrer Religion spielen Tiergeister
eine große Rolle. Ihre Totem-
pfähle sind immer mit Tier-
figuren geschmückt.*

33

Ramona Carden ist eine Colville-Indianerin; sie ist Lyrikerin und arbeitete am Institute of American Indian Arts.

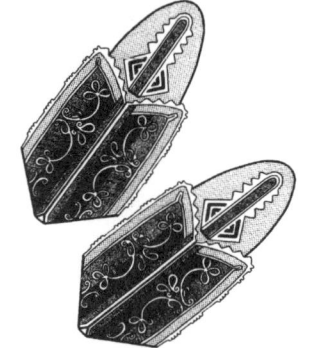

DIE MOKASSINS EINES ALTEN MANNES

Ich habe euch weggehängt,
ihr abgetragenen Mokassins aus Hirschleder.
Ich habe euch weggehängt,
und dort hängt ihr nun.
Ich zog euch noch blutwarm
dem Hirschbock vom Leib.
Ich brachte euch meiner Frau.

Sie gerbte euch mit dem Hirn des Bocks.
Sie schnitt euch zu und hat euch genäht
und mit Perlen verziert.
Ich trug euch mit Stolz.
Ich trug euch leichtfüßig auf meinen vielen Wegen.

Jetzt sitze ich hier,
die Knochen steif von vielen Wintern.
Ihr hängt dort, meine Mokassins,
und ich stehe nicht wieder auf.
Wir wollen gemeinsam die Nacht erwarten.

Ramona Carden

TOD EINES SOHNES

In diese Worte einer Irokesen-mutter sind bereits deutlich christliche Glaubensvorstellungen eingeflossen.

Mein Sohn, höre noch einmal auf die Worte deiner Mutter. Sie hat dich unter Schmerzen geboren. Sie hat dich ernährt. Sie hat dich aufgezogen, nach besten Kräften und so gut sie es vermochte. Als du klein warst, hat sie dich wie ihr eigenes Leben geliebt. Du hast ihr viel Freude geschenkt. Auf dich und deine Unterstützung setzte sie ihre Hoffnung für die Tage ihres Alters. Sie war immer überzeugt, vor dir das Ende des Lebenspfades zu erreichen. Aber du bist ihr zuvorgekommen. Unser großer und weiser Schöpfer hat es so gewollt. Es ist sein Wille, daß ich hier zurückbleiben und die Traurigkeit dieser Welt weiter auskosten muß.

Deine Freunde und Verwandten haben sich um dich versammelt, um dich ein letztes Mal zu sehen. Sie alle trauern, weil du von uns fortgegangen bist. Auch uns ist nur noch kurze Zeit geschenkt, bevor unsere eigene Reise zu Ende geht. Jetzt müssen wir Abschied voneinander nehmen; du gehst dorthin, wo wir dich nicht sehen können. Aber bald werden wir wieder vereint sein und einander anblicken. Dann werden wir uns nie mehr trennen. Der Schöpfer hat dich zu sich heimgerufen; wir werden dir folgen. Na-ho! So sei es!

Irokesenfrau

STERBELIED

*Das Lied ist bei den Wintu über-
liefert, einem kleinen Stamm in
Kalifornien. Der Glaube an ein
Leben nach dem Tod findet sich
bei allen indianischen Völkern.
Die Milchstraße ist die Brücke
zur anderen Welt, der Weg ins
Jenseits.*

Dort oben werden wir gehen, du und ich;
die Milchstraße entlang werden wir gehen, du und ich;
auf dem Blumenpfad werden wir gehen, du und ich;
wir werden Blumen pflücken auf unserem Weg,
du und ich.

Wintu-Indianer

DER TAG GEHT ZU ENDE.
Überdenke noch einmal,
was er dir an Sorgen gebracht hat.
Ein paar davon behalte,
die anderen wirf weg!

Calvin O. John

IHR HABT BEMERKT, DASS DIE WAHRHEIT mit zwei Gesichtern auf die Welt kommt: das eine ist traurig und voller Leid, das andere lacht. Und doch ist es ein und dasselbe Gesicht, ob es nun lacht oder weint. Wenn Menschen am Verzweifeln sind, ist das lachende Gesicht besser für sie; aber wenn es ihnen zu gut ergeht und sie sich zu sicher fühlen, ist es besser für sie, das weinende Gesicht zu sehen.

Hehaka Sapa

Hehaka Sapa (Black Elk, geboren 1863) war über 60 Jahre alt und fast blind, als er in der Pine Ridge Reservation in Süddakota John G. Neihardt seine Lebensgeschichte diktierte. Black Elk war „wicasa wakan", ein heiliger Mann seines Stammes, der Oglala-Lakota. Er hatte als Junge an der Schlacht am Little Big Horn (1876) teilgenommen, dem letzten großen Aufbäumen der Plains-Indianer gegen die Übermacht der Weißen. Damals wurden General Custer und seine Armee vernichtend geschlagen. Black Elk konnte Neihardt auch die Geschichte seines Volkes während der Zeit der Geistertanzbewegung erzählen. Diese messianische Erwartung eines Retters, der die Weißen vertreiben und ihren „Teppich aus Staub" von der Prärie nehmen werde, hatte nichts Kriegerisches an sich, trotzdem befürchtete die amerikanische Regierung einen Aufstand und unterdrückte die Bewegung. Tragischer Schlußpunkt war das Massaker von Wounded Knee (1890), als eine Schar halbverhungerter Lakota mit Frauen und Kindern niedergemetzelt wurde, obwohl sie keine feindlichen Absichten gezeigt hatte.

▼▼▼▼▼▼▼▼▼▼

Die Irokesen lebten in großen, befestigten Siedlungen und waren ausgezeichnete Jäger, Krieger und Bauern. Ihr Zusammenschluß zu den „Sechs Nationen" war eine staatsmännische Leistung ersten Ranges. So wie mehrere Familien friedlich in einem Langhaus zusammenwohnen, sollten die Stämme in dem Staatenbund vereint sein. Deshalb nannten sich die Irokesen „Das Volk des Langen Hauses". Für „Frieden" benützen sie dasselbe Wort wie für „Gesetz", dieselbe Wortwurzel taucht auch in den Bezeichnungen für die Begriffe „edel, vornehm" und „gut" auf. Ihr Symbol für den Frieden ist ein Baum, der seine Wurzeln in der Erde hat.

Die Irokesenverfassung entstand viele hundert Jahre vor dem Kommen des weißen Mannes. Sie vereinte Völker, deren Sprachen verschieden waren, und beeinflußte die amerikanische Verfassung, als sich die 13 Kolonien zu den Vereinigten Staaten zusammenschlossen.

FRIEDE IST NICHT NUR DAS GEGENTEIL von Krieg, nicht nur der Zeitraum zwischen zwei Kriegen – Friede ist mehr. Friede ist das Gesetz menschlichen Lebens. Friede ist dann, wenn wir recht handeln und wenn zwischen jedem einzelnen Menschen und jedem Volk Gerechtigkeit herrscht.

Spruch der Mohawk (Irokesen)

MAHNUNG AN DIE HÄUPTLINGE

O Häuptlinge! Tragt keinen Zorn im Herzen und hegt gegen niemanden Groll. Denkt nicht immer nur an euch selber und an eure eigene Generation. Vergeßt nicht, daß nach euch noch viele Generationen kommen werden, denkt an eure Enkelkinder und an jene, die noch nicht geboren sind und deren Gesichter noch im Schoß der Erde verborgen liegen.

Aus der Irokesenverfassung

▲▲▲▲▲▲▲▲▲▲

ICH HÖR DEINE STIMME IM WIND, IN DEN BÄUMEN

▼▼▼▼▼▼▼▼▼▼

Trotz der Erziehung in einer „weißen" Schule studierte Tatanga Mani sein Leben lang die Natur, das „Buch des Großen Geistes". Als alter Mann unternahm er auf Wunsch der kanadischen Regierung eine Weltreise als Botschafter des Friedens, des guten Willens und der Geschwisterlichkeit unter den Menschen. Ihm wurde das Flugzeug ebenso vertraut wie der Stangenschlitten der Stoney-Indianer, und er bewegte sich im Buckingham-Palast genauso selbstverständlich wie im heimatlichen Zelt. Unermüdlich versuchte er, weißen Freunden das indianische Denken nahezubringen. Die meisten Textstellen im vorliegenden Band stammen aus Gesprächen mit weißen Besuchern, die zu ihm kamen.

FÜR EUCH WEISSE WAREN WIR WILDE. Ihr habt unsere Gebete nicht verstanden. Ihr habt nicht einmal versucht, sie zu verstehen. Wenn wir der Sonne, dem Mond oder dem Wind unsere Loblieder sangen, beteten wir in euren Augen Götzen an. Ohne uns zu verstehen und nur, weil unsere Art der Anbetung anders war als eure, habt ihr uns als verlorene Seelen verdammt.

Wir sahen das Werk des Großen Geistes in seiner ganzen Schöpfung: in Sonne, Mond, Bäumen, Bergen und Wind. Manchmal traten wir durch das, was er geschaffen hatte, an ihn heran. War das so schlecht? Ich weiß, daß wir aus ganzem Herzen an das höchste Wesen glauben, und unser Glaube ist vielleicht stärker als der vieler Weißer, die uns Heiden nannten. Die roten Wilden waren immer enger mit der Natur verbunden als die weißen Wilden. Die Natur ist das Buch jener großen Kraft, die ihr Gott nennt und die wir den Großen Geist nennen. Was für einen Unterschied macht schon ein Name aus!

Tatanga Mani

HÜGEL SIND IMMER SCHÖNER als Häuser aus Stein. In einer großen Stadt wird das Leben zu einem künstlichen Dasein. Viele Menschen spüren kaum noch richtige Erde unter den Füßen, sie sehen kaum noch Pflanzen wachsen, außer in Blumentöpfen, und lassen nur selten die Lichter der Straßen hinter sich, um den

Zauber eines sternenübersäten Nachthimmels auf sich wirken zu lassen. Wenn Menschen so weit weg von all dem leben, was der Große Geist geschaffen hat, dann vergessen sie leicht seine Gesetze.

Tatanga Mani

Tatanga Mani war 87 Jahre alt, als er auf seiner Welttour bei einer Ansprache in London diese Worte sagte.

ALS MEIN VATER EIN JUNGE WAR, kam ein alter Mann oft zu Besuch in das Haus Mammedatys, meines Großvaters. Es war ein hagerer alter Mann mit zu Zöpfen geflochtenem Haar, der durch sein Auftreten und die Anzahl seiner Jahre bei allen großen Eindruck hinterließ. Sein Name war Cheney, und er war Pfeilmacher. Jeden Morgen, so erzählt mir mein Vater, bemalte Cheney sein runzeliges Gesicht, ging ins Freie hinaus und betete mit lauter Stimme zu der aufgehenden Sonne. In meiner Vorstellung sehe ich den alten Mann so deutlich, als stünde er vor mir. Ich liebe es, ihn zu betrachten, wenn er sein Gebet spricht. Ich weiß genau, wo er steht, von wo er seine Stimme ausschickt über das wogende Gras, und ich weiß, an welcher Stelle die Sonne emporsteigt. Dort, in der Morgendämmerung, kannst du die Stille spüren. Sie ist kühl und klar und tief wie Wasser. Sie erfaßt dich und läßt dich nicht mehr los.

N. Scott Momaday

In seinem Buch „The Way to Rainy Mountain" beschreibt Momaday nicht nur die Wanderung seines Volkes, sondern gleichnishaft den Weg jedes einzelnen Menschen zu sich selbst. Wenn der Indianer „zur Sonne betet", verehrt er in ihr die schöpferische Kraft des „Großen Geheimnisses". Immer wieder mußten sich die Indianer gegen den Vorwurf wehren, Dinge und Götzen zu verehren.

▼▼▼▼▼▼▼

Ohiyesa (Charles Alexander Eastman, 1858–1939), ein Santee-Dakota, war einer der ersten seines Volkes, die eine Hochschule besuchten; er promovierte 1890 zum Doktor der Medizin an der Universität in Boston. Drei Jahre arbeitete er als Arzt in der Pine Ridge Reservation in Süddakota und war Zeuge des Massakers von Wounded Knee. Als er gegen die Mißstände in der Reservation auftrat, wurde er gezwungen, seine Stelle aufzugeben. In seinen Büchern wollte er Wert und Würde der indianischen Lebensart aufzeigen und den weißen Lesern bewußtmachen, daß die Ureinwohner Amerikas keine „Wilden" waren.

ALS ICH EIN KIND WAR, verstand ich zu geben und zu teilen; seit ich zivilisiert wurde, habe ich diese Tugenden verlernt. Ich lebte ein natürliches Leben, jetzt lebe ich ein künstliches. Damals war jeder hübsche Kieselstein für mich kostbar, und ich hatte Ehrfurcht vor jedem Baum.

Der Ureinwohner Amerikas verband seinen Stolz mit einer außergewöhnlichen Demut. Überheblichkeit war seinem Wesen und seiner Lehre fremd. Er erhob niemals den Anspruch, daß die Fähigkeit, sich durch Sprache auszudrücken, ein Beweis für die Überlegenheit des Menschen über die sprachlose Schöpfung sei; ganz im Gegenteil, er sah in dieser Gabe eine Gefahr. Er glaubte fest an das Schweigen – das Zeichen vollkommener Harmonie. Schweigen und Stille stellten für ihn das Gleichgewicht von Körper, Geist und Seele dar.

Wenn du den Indianer fragst: „Was ist die Stille?", wird er dir antworten: „Das Große Geheimnis. Die heilige Stille ist Seine Stimme." Und wenn du fragst: „Was sind die Früchte der Stille?", so wird er sagen: „Selbstbeherrschung, wahrer Mut und Ausdauer, Geduld, Würde und Ehrfurcht."

„Hüte deine Zunge in der Jugend", sagte der alte Häuptling Wabashaw, „dann wirst du vielleicht im Alter deinem Volk einen weisen Gedanken schenken."

Ohiyesa

ERZIEHUNG ZUR STILLE, ZUM SCHWEIGEN

begann schon sehr früh. Wir lehrten unsere Kinder, still zu sitzen und Freude daran zu haben. Wir lehrten sie, ihre Sinne zu gebrauchen, die verschiedenen Gerüche aufzunehmen, zu schauen, wenn es allem Anschein nach nichts zu sehen gab, und aufmerksam zu horchen, wenn alles ganz ruhig schien. Ein Kind, das nicht stillsitzen kann, ist in seiner Entwicklung zurückgeblieben.

Übertriebenes, auffälliges Benehmen lehnten wir als unaufrichtig ab, und ein Mensch, der pausenlos redete, galt als ungesittet und gedankenlos. Ein Gespräch wurde nie übereilt begonnen und hastig geführt. Niemand stellte vorschnell eine Frage, mochte sie auch noch so wichtig sein, und niemand wurde zu einer Antwort gezwungen. Die wahrhaft höfliche Art und Weise, ein Gespräch zu beginnen, war eine Zeit gemeinsamen stillen Nachdenkens; und auch während des Gespräches achteten wir jede Pause, in der der Partner überlegte und nachdachte. Für die Lakota war das Schweigen bedeutungsvoll. In Unglück und Leid, wenn Krankheit und Tod unser Leben überschatteten, war Schweigen ein Zeichen von Ehrfurcht und Respekt; ebenso, wenn uns Großes und Bewundernswertes in seinen Bann schlug. Für die Lakota war das Schweigen von größerer Kraft als das Wort.

Luther Standing Bear

Die Erziehung, die Standing Bear in der Internatsschule von Carlisle erhielt, zielte darauf ab, alles Indianische in den Schülern auszulöschen; für sein späteres Leben auf der Rosebud Reservation in Süddakota war sie sinnlos. 1898 wurde er Darsteller in der berühmten Wildwest-Show von Buffalo Bill. Erst 1931, nach bewegten Jahren, kehrte er in die Reservation zurück. Er war erschüttert über das Elend und über den körperlichen, geistigen und seelischen Verfall seines Volkes, dem man alles genommen hatte, auch die eigenen moralischen Werte.
In einem seiner Bücher, „Land of the Spotted Eagle", beschrieb er die hochstehende, alte Kultur der Sioux. Alle hier abgedruckten Texte sind diesem Buch entnommen.

WAS SIEHST DU HIER, MEIN FREUND? Nur einen gewöhnlichen alten Kochtopf, verbeult und schwarz vom Ruß. Er steht auf dem Feuer, auf diesem alten Holzofen da, das Wasser darin brodelt, und der aufsteigende Dampf bewegt den Deckel. Im Topf ist kochendes Wasser, Fleisch mit Knochen und Fett und eine Menge Kartoffeln.

Es scheint, als hätte er keine Botschaft für uns, dieser alte Topf, und du verschwendest bestimmt keinen Gedanken an ihn. Außer, daß die Suppe gut riecht und dir bewußtmacht, daß du hungrig bist.

Aber ich bin ein Indianer. Ich denke über einfache, alltägliche Dinge – wie diesen Topf hier – nach. Das brodelnde Wasser kommt aus der Regenwolke. Es ist ein Sinnbild für den Himmel. Das Feuer kommt von der Sonne, die uns alle wärmt – Menschen, Tiere, Bäume. Das Fleisch erinnert mich an die vierbeinigen Geschöpfe, unsere Brüder, die Tiere, die uns Nahrung geben, damit wir leben können. Der Dampf ist Sinnbild für den Lebensatem. Er war Wasser; jetzt steigt er zum Himmel auf, wird wieder zur Wolke. All das ist heilig. Wenn ich diesen Topf voll guter Suppe betrachte, denke ich daran, wie Wakan-Tanka, das Große Geheimnis, auf diese einfache Art und Weise für mich sorgt.

Wir Sioux denken oft und viel über alltägliche Dinge nach, für uns haben sie eine Seele. Die Welt um uns ist voller Symbole, die uns den Sinn des Lebens lehren. Ihr Weißen, so sagen wir, seid wohl auf einem Auge blind, weil ihr so wenig seht. Wir sehen vieles, das ihr schon lange nicht mehr bemerkt. Ihr könntet es auch sehen,

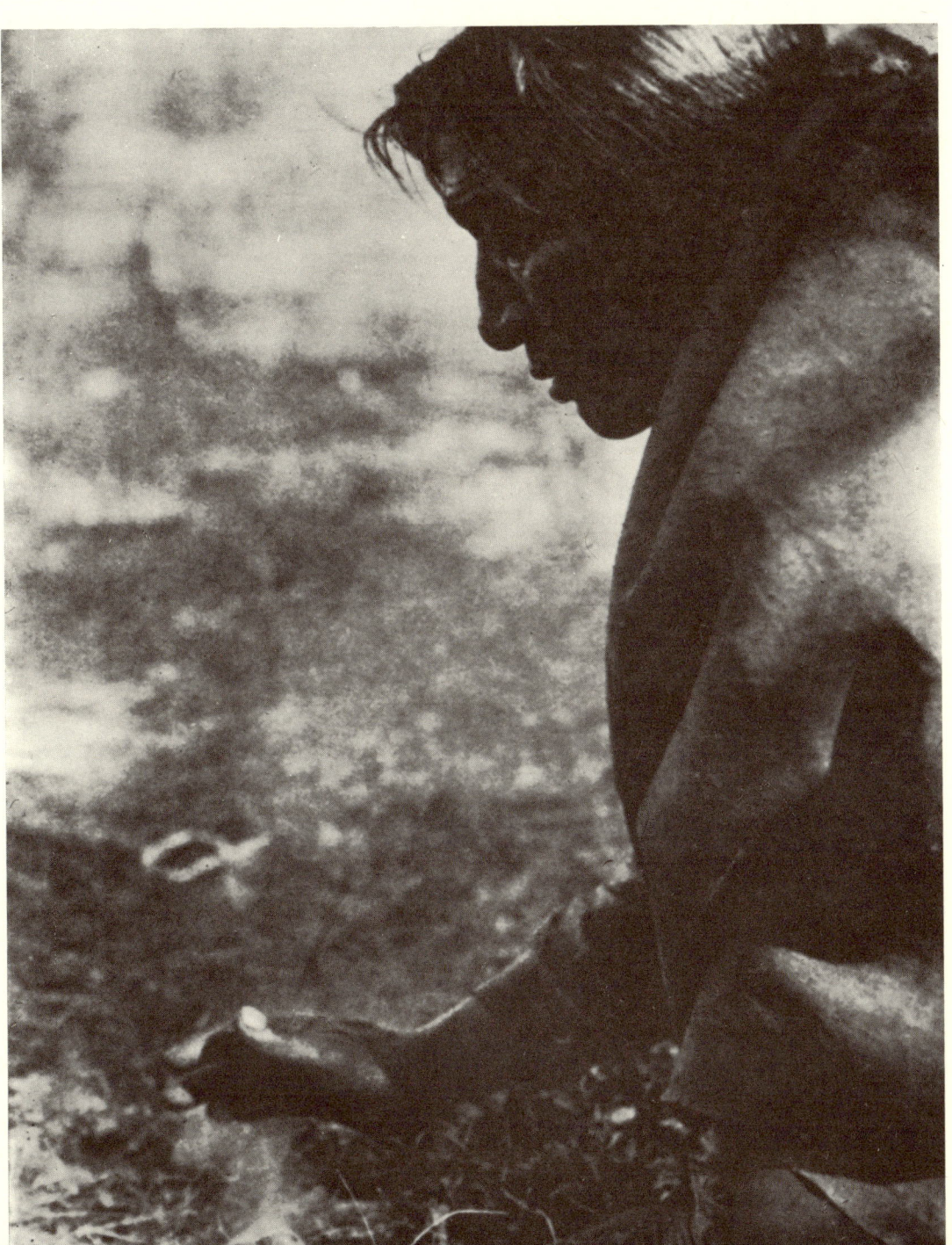

wenn ihr nur wolltet, aber ihr habt keine Zeit mehr dafür – ihr seid zu beschäftigt.

Wir Indianer leben in einer Welt von Symbolen und Bildern, in der das Geistige und das Alltägliche eins sind. Für euch sind Symbole nichts als Worte, gesprochene oder in einem Buch aufgeschriebene Worte. Für uns sind sie Teil der Natur, Teil von uns selber – die Erde, die Sonne, der Wind und der Regen, Steine, Bäume, Tiere, sogar kleine Insekten wie Ameisen und Grashüpfer. Wir versuchen, sie zu verstehen, nicht mit dem Kopf, sondern mit dem Herzen, und ein winziger Hinweis genügt uns, ihre Botschaft zu erfassen.

Lame Deer

WOHER WUSSTEN WIR, wie wir leben sollen, wenn wir nicht an etwas glaubten, das größer ist als wir? Wer würde uns lehren zu leben?

Wer sagt dem Baum, wann die Zeit kommt, seine kleinen Blätter auszutreiben? Wer sagt diesen Drosseln da, daß es warm geworden ist und sie wieder nach Norden fliegen können? Vögel und Bäume hören auf etwas, das weiser ist als sie. Von sich aus würden sie es niemals wissen.

Oft sitze ich allein in der Wüste und schaue die Lilien an und all die hübschen kleinen rosa Blüten und frage mich: „Wer hat euch gesagt, daß es Frühling ist und daß ihr blühen sollt?" Und ich denke und denke nach, und immer komme ich auf dieselbe Antwort. Das, was größer ist als wir, lehrt alle Lebewesen, was sie tun sollen. Wir sind wie die Blumen. Wir leben und wir sterben, und aus uns selbst heraus wissen wir nichts. Aber das, was größer ist als wir, lehrt uns – lehrt uns, wie wir leben sollen.

Chiparopai

Diesen Ausspruch der Yuma-Indianerin Chiparopai veröffentlichte Natalie Curtis in einem Sammelwerk indianischer Lieder und Mythen, dem „Indians' Book". Chiparopai, eine weise alte Frau, vertrat ihren Stamm bei vielen Verhandlungen. Sie sprach Spanisch und Englisch. „Yuma" bedeutet „Söhne des Flusses". Dieser Stamm lebt in einer Reservation am Colorado River im Südosten Kaliforniens.

WIR DANKEN UNSERER MUTTER, DER ERDE, die uns ernährt. Wir danken den Flüssen und Bächen, die uns ihr Wasser geben. Wir danken den Kräutern, die uns ihre heilenden Kräfte schenken. Wir danken dem Mais und seinen Geschwistern, der Bohne und dem Kürbis, die uns am Leben erhalten. Wir danken den Büschen und Bäumen, die uns ihre Früchte spenden. Wir danken dem Wind, der die Luft bewegt und Krankheiten vertreibt. Wir danken dem Mond und den Sternen, die uns mit ihrem Licht leuchten, wenn die Sonne untergegangen ist. Wir danken unserem Großvater Hé-no, der uns, seine Enkelkinder, schützt und uns seinen Regen schenkt. Wir danken der Sonne, die freundlich auf die Erde herabschaut. Vor allem aber danken wir dem Großen Geist, der alle Güte in sich vereint und alles zum Wohl seiner Kinder lenkt.

Gebet der Irokesen

Hé-no ist ein Schutzgeist, der den lebenspendenden Regen schenkt und mit dem Ehrentitel „Großvater" angerufen wird.

47

Dieses 1975 in den „Akwesasne Notes" veröffentlichte Gedicht von John Laughing Wolf aus Missoula, Montana, bringt den neuen indianischen Geist beispielhaft zum Ausdruck. „Hokahey!" lautete der Kriegsruf der Sioux. In diesem Gedicht steht er als Bekräftigung für den Willen des Indianers, nach Jahren der Apathie und der Selbstaufgabe mit neuem Selbstbewußtsein für die indianischen Rechte und Ideale zu kämpfen, aber nicht mit Kriegswaffen, sondern mit geistigem Einsatz.

DIE ERDE IST SCHÖN.

Der Himmel ist schön.
Mein Volk ist schön,
mein Herz ist voll Freude.

Wofür es sich lohnt zu leben,
dafür lohnt es sich auch zu sterben.
Hokahey!

John Laughing Wolf

BITTE, EIN KIND ZU SEGNEN

Berühre es mit deinem Atem!
Berühre es mit deinem Atem!
Du allein schenkst ihm das Leben.
Schenke ihm ein langes Leben –
darum bitten wir dich, Vater!

Gebet der Pawnee

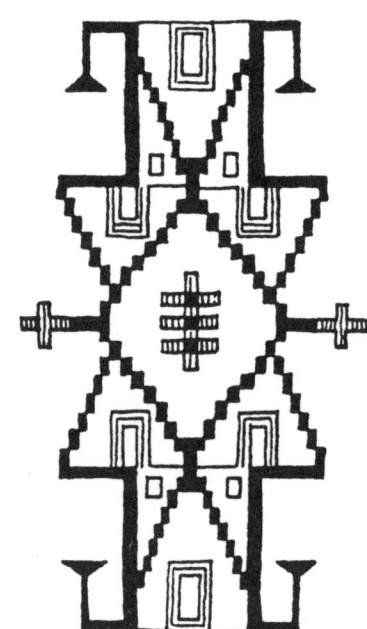

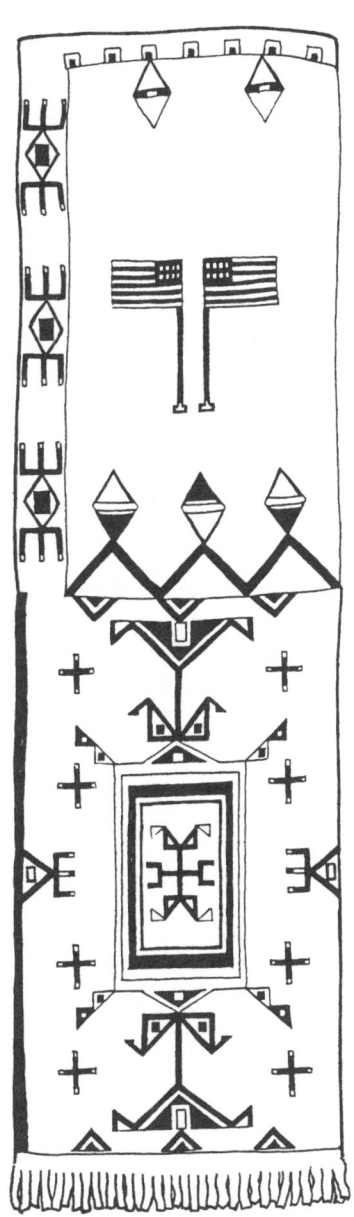

49

*Das Tipi ist das Zelt der Prärie-
Indianer. Die indianische Philo-
sophie des Kreises beeinflußt
auch das Unterrichtssystem der
neuen indianischen Schulen; ihr
Ziel ist es, eine ganzheitliche
Erziehung zu vermitteln.*

IN ALLEM, WAS EIN INDIANER TUT, findet ihr die Form des Kreises wieder, denn die Kraft der Welt wirkt immer in Kreisen, und alles strebt danach, rund zu sein. Einst, als wir ein starkes und glückliches Volk waren, kam unsere ganze Kraft aus dem heiligen Ring unseres Volkes, und solange dieser Ring nicht zerbrochen war, ging es den Menschen gut. Der blühende Baum war der lebendige Mittelpunkt des Ringes, und der Kreis der vier Himmelsrichtungen nährte ihn. Der Osten gab Frieden und Licht, der Süden gab Wärme, der Westen gab Regen, und der Norden mit seinen eisigen Stürmen verlieh Kraft und Ausdauer.

Alles, was die Kraft der Welt bewirkt, vollzieht sich in einem Kreis. Der Himmel ist rund, und ich habe gehört, daß die Erde rund wie ein Ball ist, so wie alle Sterne auch. Der Wind in seiner größten Stärke bildet Wirbel. Vögel bauen ihre Nester rund, denn sie haben die gleiche Religion wie wir. Die Sonne steigt empor und neigt sich in einem Kreis. Das gleiche tut der Mond, und beide sind rund.

Auch die Jahreszeiten in ihrem Wechsel bilden einen großen Kreis und kehren immer wieder. Das Leben des Menschen beschreibt einen Kreis von Kindheit zu Kindheit, und so ist es mit allem, was eine Kraft bewegt. Unsere Tipis waren rund wie Vogelnester und immer im Kreis aufgestellt, dem Ring unseres Volkes – ein Nest aus vielen Nestern, in dem wir nach dem Willen des Großen Geistes unsere Kinder hegten und großzogen.

Hehaka Sapa

Die Zahl vier ist bei den India-nern eine heilige Zahl (die vier Himmelsrichtungen, die vier Winde aus Osten, Süden, Westen, Norden, die vier Elemente: Erde, Feuer, Wasser, Luft). Nach Mei-nung der Sioux soll ein Mann vier Tugenden besitzen: Tapfer-keit, Großzügigkeit, Ausdauer, Weisheit.
Der „weiße Riese" ist ein Bild für den Winter.

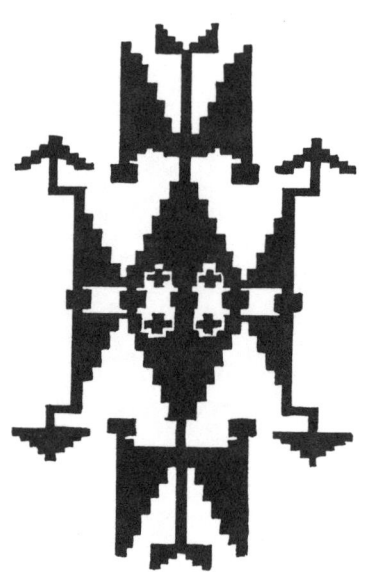

HEY HEY! HEY HEY! HEY HEY! HEY HEY! Großvater, Großer Geist, du warst immer, und vor dir war keiner, und du allein bist es, zu dem wir beten. Du selbst und alles, was du siehst – alles kommt von dir. Du hast das Volk der Sterne im Weltall geschaffen. Du hast die vier Himmelsrichtungen geschaffen. Du hast den Tag geschaffen und alles, was am Tag geschieht. Großvater, Großer Geist, neige dich zur Erde herab, damit du meine Stimme hörst.

Du, der dort wohnt, wo die Sonne untergeht – sieh mich an! Ihr Donnerwesen – seht mich an! Du, der dort wohnt, wo der weiße Riese lebt in seiner Macht – sieh mich an! Du, der dort wohnt, wo die Sonne immerfort scheint, woher der Morgenstern kommt und der Tag – sieh mich an! Du, der wohnt, wo der Sommer lebt – sieh mich an! Du in den Tiefen des Himmels, mächti-ger Adler, sieh mich an! Auch du, Mutter Erde, unser aller Mutter, die du Mitleid gehabt hast mit deinen Kin-dern!

Hört mich, ihr vier Himmelsrichtungen – ich bin euer Verwandter! Gebt mir die Kraft, auf dieser guten Erde zu wandern, mit allem verwandt, was da ist! Gebt mir Augen, die sehen, gebt mir Einsicht, damit ich euch gleich werde. Nur mit eurer Hilfe kann ich mein Gesicht in den Wind halten.

Großer Geist, Großer Geist, mein Großvater! Alles Lebendige, alle Lebewesen auf der ganzen Erde glei-chen einander. Zart und verletzlich kommen sie aus der Erde hervor. Schau auf die Gesichter dieser Kinder ohne Zahl, die wieder Kinder in den Armen tragen, auf

daß sie dem Atem der Winde standhalten können und
auf der guten Straße wandern bis zum Tag des Friedens.
Dies ist mein Gebet – höre mich an! Meine Stimme ist
schwach, aber ich habe sie aus ganzem Herzen zu dir
gesandt.

Hehaka Sapa

NACHTGESANG DER NAVAJO

*Dieser Gesang stammt aus einer
Heilzeremonie der Navajo. In
der Krankheit sehen die Navajo
ein Anzeichen dafür, daß die
Harmonie des Menschen mit
dem Schöpfer und der Schöpfung gestört ist. Deshalb spielt
die Heilung von Kranken bei
allen Zeremonien eine große
Rolle.
Die Schlußformel „In Schönheit
ist es vollendet" ist der übliche
Abschluß eines Gebetes, ähnlich
wie in der christlichen Tradition
das „Amen".
Die alten, heiligen Gesänge wurden von den Navajo als
Geschenk der Gottheit empfun-
den. Die Lieder haben Friedens-
bringer-, Reinigungs- und
Segenskraft, wenn sie genau im
überlieferten Wortlaut gesungen
werden.
Tse'gihi: „Heim der Götter".
Die Navajo waren ursprünglich
Nomaden. Vor ungefähr 900
Jahren kamen sie aus dem Nor-
den Amerikas nach Südwesten.*

In Tse'gihi,
im Haus erbaut aus Morgendämmerung,
im Haus erbaut aus Abendlicht,
im Haus erbaut aus dunkler Wolke,
im Haus erbaut aus Regen,
im Haus erbaut aus dichtem Nebel,
im Haus erbaut aus fruchtbringenden Pollen,
im Haus erbaut aus Grashüpfern,
wo Wolkendunkel die Tür verhüllt,
wo auf dem Regenbogen der Weg zu dir führt,
wo die Zickzackspur des Blitzes hoch oben steht,
o Gottheit!
In deinen Mokassins aus dunkler Wolke
komm zu uns,
begleitet vom Donner über dir,
komm zu uns,
Regenwolken unter den Füßen,
den Regenbogen über dir,
komm zu uns,
umleuchtet vom Zucken der Blitze.
Ich habe ein Opfer für dich bereitet,
ich bringe dir den Rauch meines Feuers dar.
Gib meinen Füßen neue Kraft.
Gib meinen Beinen neue Kraft.
Gib meinem Körper neue Kraft.
Erneuere meinen Geist.
Nimm die Krankheit von mir.
Du hast sie von mir genommen,

weit weg von mir hast du sie genommen.
Voll Freude spüre ich,
wie meine Kraft zurückkehrt,
meine Augen sind nicht mehr trüb,
mein Kopf ist klar,
ich kann meine Glieder wieder gebrauchen.
Du hast die Krankheit von mir genommen.
Ich kann wieder gehen.
Möge ich ohne Schmerzen wandern.
Möge ich glücklich wandern.
Wie es früher war, möge ich wandern.
Möge ich freudig wandern unter der Regenwolke.
Möge ich freudig wandern im kühlenden Regen.
Möge ich freudig wandern inmitten grünender Pflanzen.
Möge ich freudig wandern
auf dem Pfad der lebenspendenden Pollen.
Möge ich voll Freude wandern.
Wie früher möge ich wandern.
Schönheit sei vor mir.
Schönheit sei hinter mir.
Schönheit sei unter mir.
Schönheit sei über mir.
Schönheit sei um mich.
In Schönheit ist es vollendet.

Zeremonialgesang der Navajo

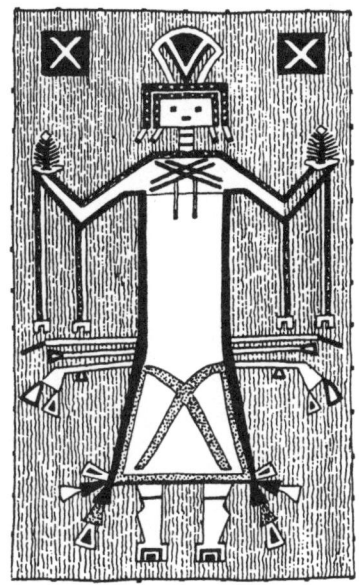

WENN LOLOLOMAI, DER HÄUPTLING, betet, geht er an den Rand des Felsens und wendet sein Gesicht der aufgehenden Sonne zu. Dann betet er für uns, sein Volk. Er bittet um Regen und Mais und Melonen, er bittet, daß unsere Felder fruchtbar seien.

Aber nicht nur darum bittet er. Er betet, daß wir gesund bleiben und lange leben, daß wir glücklich sind und froh im Herzen. Und nicht nur für uns Hopi betet er; er betet für jeden Menschen auf der ganzen Erde – für jeden. Und nicht nur für die Menschen: Lololomai betet auch für die Tiere. Und nicht nur für die Tiere: Lololomai betet auch für die Pflanzen. Er betet für alles, was Leben in sich hat.

Ein Hopi-Indianer

Die Hopi leben im Südwesten der Vereinigten Staaten, in einem Wüstengebiet, das sie mit unendlicher Mühe kultivieren. Die weißen Amerikaner beuten ihr Land aus, so daß es immer karger und ärmer wird (Abbau der Kohle im Tagbau, Entzug des Grundwassers für die benachbarten Gebiete).
Um die Jahrhundertwende, als Lololomai auf diese Weise betete, betrachtete man den Indianer mit Verachtung und nannte ihn den „sterbenden roten Mann", der als Wilder kein Recht zum Leben hatte.
Der Name Lololomai bedeutet „Sehr gut", denn der Häuptling hatte jahrzehntelang sein Volk väterlich und wachsam geführt.

Auch dieses Gedicht von Tahca Isnala (Joe Rice), „Akwesasne Notes" 1975, ist ein Beispiel moderner indianischer Lyrik. Die letzte Zeile bezieht sich auf eine alte Sioux-Zeremonie (Yuwipi), bei der rundgeschliffene weiße Kieselsteine, die auf Ameisenhaufen gefunden werden, eine Rolle spielen. Der Indianer liest in der Form und Farbe der Steine und findet Hilfe und Kraft bei ihnen. Kreisrunde Steine sind Sinnbilder für die Ewigkeit und die Gemeinschaft der Schöpfung. Für den Indianer ist nichts so klein und unbedeutend, daß nicht doch göttlicher Geist, von Wakan-Tanka geschenkt, darin wohnen könnte.

GROSSER GEIST
bin nicht mehr taub
kann dich wieder hören
die vierflüglige Libelle
flüsterte mir zu
wir sind Brüder
Ich hör deine Stimme
im Wind, in den Bäumen …
Ich laufe durch das hohe Gras
nicht mehr alleingelassen
mit Mutter Erde wieder vereint
Ich zog sie an mich
und hörte die Ameisen reden
die nie den alten Weg vergaßen …
Ich bringe die heiligen Steine

Tahca Isnala

Der Text stammt aus der Rede eines indianischen Häuptlings an den Gouverneur von Pennsylvania, 1796.

WIR LIEBEN DIE STILLE;
es stört uns nicht,
wenn die Maus
bei uns spielt;
wenn der Wind im Wald
mit den Blättern raschelt –
wir fürchten uns nicht.

ZIEH EINEN KREIS AUS GEDANKEN

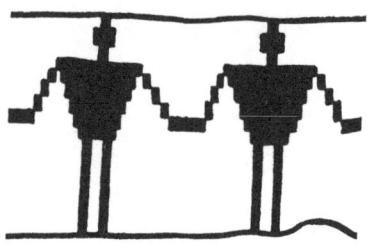

Dieses Gedicht wurde in den „Akwesasne Notes" veröffentlicht. Peter Blue Cloud ist ein Mohawk vom Schildkröten–Clan.

FÜR EIN KIND

Geh um den Berg, geh leise,
    denn der Berg ist still und sanft,
stell dir das weite Tal vor
    auf der anderen Seite des Berges,
denk dich durch den Berg
    in das ungeschützte Tal,
wo vielleicht Gefahr ist oder Schmerz.

Zieh einen Kreis aus Gedanken
    um den sanften, stillen Berg,
und der Berg wird zu Kristall,
und du siehst das offene Tal
    durch den kristallenen Berg,
und die ganze Wahrheit des Berges
    und Tales ist dein.

Und geh um den Berg, geh behutsam,
    und betritt es leise,
    das friedvolle Tal,
wo das Herz des Kristallbergs
    schlägt.

Peter Blue Cloud

TRAUMLIED

Meine Augen
durchwandern
das Grasland –
mitten im Frühling
spür ich
den Sommer

Lied eines Ojibway

WEIL ICH ARM BIN,
bete ich für jedes lebende Wesen

Lied eines Kiowakriegers

ICH BIN FREI GEBOREN –
frei wie der Adler,
der über den großen blauen
Himmel schwebt;
ein leichter Wind streift sein Gesicht.
Ich werde frei sein.

Dion Panteah (Zuni), 15 Jahre

Die Ojibway oder Chippewa gehören zum Kulturkreis der Waldindianer.
Die Gefühle, die ein Indianer in seinem Lied ausdrückte, wurden ihm oft in einer Vision, durch einen Traum bewußt. Die Bilder aus der Natur, die er im Gedicht verwendet, stehen für innere Erfahrungen und sind für einen Menschen aus einem anderen Kulturkreis nicht so ohne weiteres nachzuvollziehen.
Für den Indianer heiligt das Lied den Augenblick, die alltägliche Arbeit, das kurze Ausruhen. Lyrik ist daher seine gebräuchlichste und beliebteste literarische Gattung. Das war auch den weißen Unterdrückern bekannt, und so wurden Lieder und Gedichte streng verboten, um die Umerziehung der Indianer zu beschleunigen. Als um 1900 weiße Forscher in den Reservationen die alten Lieder und Gesänge sammeln wollten, mußten sie es heimlich tun. Immer wieder stießen sie auf Angst und Mißtrauen.

DER TAG IST ANGEBROCHEN,
ich gehe, die Dämmerung zu betrachten.
Hao! Ihr Mädchen!
Betrachtet die Morgendämmerung!
Wie sie weiß emporsteigt!
Wie sie gelb emporsteigt!
Es ist hell geworden.

Lied der Hopi

MAISBLÜTENMÄDCHEN
hier auf den Feldern,
Flecken voll blühender Bohnen,
in leuchtender Blüte stehende Felder,
Regenwasser, das glänzt,
blaue Wolkenberge darüber.

Und schau!
Durch die bunten Blumenbüschel
tanzen gelbe Schmetterlinge,
und in den blühenden Bohnen – schau! –
spielen blaue Schmetterlinge.

Masahongva

Dieses „He-Hea-Katchina-Lied"
wurde um 1900 von einem Hopi-
Indianer namens Masahongva
gesungen.
Das Hauptnahrungsmittel der
Hopi („Friedensleute" nennen sie
sich selber) ist der Mais. Unter
unsäglichen Mühen haben sie
Sorten gezüchtet, die der
Trockenheit ihres Siedlungsge-
bietes angepaßt sind. Die Haupt-
sorge gilt dem Regen, und viele
religiöse Rituale wurden
geschaffen, um Regen zu erfle-
hen. In ihren Mythen erzählen
die Hopi von den Katchina, den
Ahnengeistern und hilfreichen
Mittlern, die der Gottheit die
Gebete der Menschen überbrin-
gen und durch ihre Tänze Regen
herbeirufen. Mit Holzmasken
und buntgewebten Kleidern
verkörpern die Hopi in ihren
Tänzen diese Geister.

DER ADLER SINGT

Die Papago-Indianer leben im Südwesten Nordamerikas. Im Wüstengebiet treibt der Wind den aufgewirbelten Sand oft wie wandernde Säulen vor sich her.

Die Strahlen der Sonne
säumen meine Flügel
und reichen weit hinaus
über die Flügelspitzen.

Ein kleiner grauer Wirbelwind
versucht mich einzufangen.
Er wirbelt, er wirbelt
quer über meinen Pfad.

Lied eines Papago

Die Pawnee waren Prärie-Indianer; ihr Name dürfte „Wölfe" bedeuten und bezieht sich auf ihre Ausdauer und Geschicklichkeit beim Fährtenlesen. Um 1874 wurde der Stamm gezwungen, ins unfruchtbare Oklahoma auszuwandern.

ICH BIN WIE EIN BÄR.
Mit emporgestreckten Armen
erwarte ich den Sonnenaufgang.

Lied eines Pawneekriegers

DER BUSCH SINGT

Unter dem Blätterdach eines Baumes
sitzt ein Busch
und singt.

Yuma- und Yaqui-Indianer

LIED VOM WEISSEN BERG

Ein weißer Berg erhebt sich im Westen.
Prächtig ragt er auf.
Leuchtendweiße Bögen aus Licht
neigen sich von seiner Spitze
und verbinden ihn mit der Erde.

Lied eines Papago

AM WEGRAND

Ein glänzender Stein am Wegrand.
So klein – und doch so schön.
Ich hob ihn auf. Er war so schön!
   Ich legte ihn wieder zurück
      und ging weiter.

Calvin O. John

WINDLIED

Weit draußen im Wüstengebirge
steht der Kaktus.
Schau, die Blüten schwingen
hin und her, die Blüten schwingen, schwingen …

Hal Antonio

Windlied: Dieses Lied des Pima-Indianers Hal Antonio wurde um 1900 aufgeschrieben. Die Pima sind Wüstenindianer im südlichen Arizona, bekannt für ihre wunderschönen Korbwebereien; sie sind sanfte, friedliebende Menschen. Ein alter Pima-Häuptling antwortete auf die Frage, wie die alten Lieder entstanden seien: „Wir haben sie geträumt."
Nach dem Glauben vieler Indianer sang auch der Schöpfergott bei der Erschaffung der Welt.

BLAU SINKT DER ABEND HERAB,

blau sinkt der Abend,
überall, wohin ich blicke;
die seidenen Maisfäden tanzen.

Lied eines Papago

LEUCHTKÄFERLIED

Huschende Insekten aus weißem Feuer!
Kleines Getier, kleine wandernde Feuer!
Schwenkt eure Sternchen über meinem Bett!
Webt kleine Sterne in meinen Schlaf!
Komm, kleiner tanzender Weißfeuer-Käfer,
komm, kleines nachtflinkes Weißfeuer-Tier!
Schenk mir das Zauberlicht
deiner hellen, weißen Flamme,
deiner kleinen Sternenfackel.

Lied der Ojibway

WOZU BRAUCHEN WIR DIE ZEIT?

Damals, in den alten Tagen,
brauchten wir sie nie.
Wir richteten uns nach Aufgang
und Untergang der Sonne.
Wir mußten uns niemals beeilen.
Wir brauchten nie auf die Uhr zu blicken.
Wir mußten nicht zu einer bestimmten Zeit
bei der Arbeit sein.
Wir taten, was getan werden mußte,
wenn uns danach war.
Aber wir achteten darauf, es zu tun,
bevor der Tag zu Ende ging.
Wir hatten mehr Zeit,
denn der Tag war noch ganz.

Scott Eagle, 11 Jahre

ICH HABE DEN WOLF SEHR GERN,

denn er ist der beste Bruder unseres Volkes;
außerdem heult er den Mond an
und schenkt uns dadurch Freude.
Ich mag es, wie er mit uns spricht.
Der Wolf ist wirklich unser bester Bruder.
Er heult in der Nacht, und wir freuen uns darüber.
Es klingt schön.
Wie er heult.
Mi-gwetch.

Eddie Jaye Benton, 9 Jahre

Mi-gwetch: „danke",
Ojibwaysprache

ICH TANZE IM MONDLICHT

und höre das Schlagen der Trommel.
Die Glöckchen an meinen Beinen
klingen wie zwinkernde Sterne.
Die Federn rauschen wie die Winde,
die über das Grasland fegen.
Die Stimmen der Sänger
dort an der Trommel
gleichen dem Donner.
Ich tanz auf den Wolken.

Americo Martinez, 11 Jahre

*Dieser Text von Cesspooch
(Dancing Eagle Plume) wurde
1973 in den „Akwesasne Notes"
veröffentlicht.*

ICH BIN EIN FELSEN.
Ich habe Leben und Tod gesehn.
Ich habe Glück erfahren, Sorge und Schmerz.
Ich lebe ein Felsenleben.
Ich bin ein Teil unsrer Mutter, der Erde.
Ich habe ihr Herz an meinem schlagen gefühlt.
Ich habe ihren Schmerz gefühlt
und ihre Freude.
Ich lebe ein Felsenleben.
Ich bin ein Teil unsres Vaters,
des Großen Geheimnisses.
Ich habe seinen Kummer gefühlt
und seine Weisheit.
Ich habe seine Geschöpfe gesehn,
meine Brüder,
die Tiere, die Vögel,
die redenden Flüsse und Winde, die Bäume,
alles, was auf der Erde,
und alles, was im Universum ist.
Ich bin mit den Sternen verwandt.
Ich kann sprechen, wenn du zu mir sprichst.
Ich werde zuhören, wenn du redest.
Ich kann dir helfen, wenn du Hilfe brauchst.
Aber verletz mich nicht,
denn ich kann fühlen, wie du.
Ich habe Kraft zu heilen,
doch du wirst sie erst suchen müssen.
Vielleicht denkst du, ich bin bloß ein Felsen,
der in der Stille daliegt
auf feuchtem Grund.

Aber das bin ich nicht,
ich bin ein Teil des Lebens,
ich lebe,
ich helfe denen,
die mich achten.

Cesspooch

*Connie Strong besuchte eine
der von Indianern gegründeten
und selbst geführten Schulen;
dort schrieb sie dieses Gedicht.*

DIE AUGEN DES ADLERS SIND IN MIR.

Und die Sanftheit des Hasen ist in mir.
Und die Schnelligkeit des Hirsches
ist in meinen Beinen.
Die Süße des Ahornzuckers ist in meinem Mund.
Auch die Kraft des Bären ist in mir.
Die Farbe des Fasans ist in meiner Haut.
Der Ruf des Tauchervogels ist auf meiner Zunge.
Das Trommeln des Rebhuhns ist in meinen Händen.
Und auch die Stille der Föhren ist in mir.

Und plötzlich erkannte ich:
All dies sind die Zeichen des Chippewa in mir.

Connie Strong

ARMER WEISSER MANN

▼▼▼▼▼▼▼▼▼▼ WIR HABEN UNSER LAND und unsere Freiheit verloren, aber noch haben wir unsere Art zu denken und zu leben bewahrt. Als Indianer könnten wir einen bedeutenden Beitrag zu eurer Kultur leisten. Nur wenigen Weißen kommt es in den Sinn, daß auch die Menschen anderer Hautfarbe, seien sie nun rot oder schwarz oder gelb, sich Gedanken darüber machen, wie diese Welt besser werden könnte.

Vieles ist verrückt in der Welt des weißen Mannes. Wir glauben, daß die Weißen sich mehr Zeit nehmen sollten, um mit der Erde, den Wäldern und allem, was wächst, vertrauter zu werden, statt wie eine in Panik geratene Büffelherde herumzurasen. Wenn die weißen Menschen auch nur einige unserer Ratschläge befolgten, fänden sie eine Zufriedenheit, die sie jetzt nicht kennen und die sie auf ihrer verbissenen Jagd nach Geld und Vergnügen vergeblich suchen. Wir Indianer können die Menschen immer noch lehren, wie man im Einklang mit der Natur lebt.

Tatanga Mani

WAS DIE BEZIEHUNG ZUR NATUR BETRIFFT, so gab es zwischen der Haltung des Indianers und der des Weißen einen großen Unterschied; aus diesem Unterschied heraus wurde der eine zum Schützer und

74

Bewahrer der Natur, der andere zu ihrem Zerstörer. Der Indianer und die anderen Geschöpfe, die hier geboren wurden und lebten, hatten eine gemeinsame Mutter – die Erde. Deshalb war er verwandt mit allem, was lebt, und er gestand allen Geschöpfen die gleichen Rechte zu wie sich selbst. Was mit der Erde verbunden war, liebte und verehrte er.

Die Haltung des Weißen war anders: Er verachtete die Erde und was sie hervorbrachte. Da er sich selbst für ein höheres Geschöpf hielt, nahmen die übrigen Geschöpfe in seiner Rangordnung eine niedrigere Stellung ein. Aus diesem Glauben heraus handelte er. Er maßte sich an, über Wert und Unwert des Lebens zu bestimmen, und so ging er schonungslos an sein Zerstörungswerk. Wälder wurden abgeholzt, der Büffel wurde ausgerottet, der Biber umgebracht und seine bewundernswert gebauten Dämme gesprengt, sogar die Vögel der Luft wurden zum Schweigen gebracht. Riesige grasbewachsene Prärien, die die Luft mit süßem Duft erfüllten, wurden umgeackert; Quellen, Bäche und Seen, die ich in meiner Kindheit noch kannte, sind ausgetrocknet und verschwunden. Ein ganzes Volk wurde gedemütigt und dem Tod preisgegeben. So ist der weiße Mann für alle Wesen auf diesem Kontinent zum Sinnbild der Vernichtung geworden. Zwischen ihm und dem Tier gibt es keine Verständigung, und die Tiere haben gelernt zu fliehen, wenn er sich nähert, denn wo er lebt, ist kein Platz für sie.

Luther Standing Bear

▼▼▼▼▼▼▼▼▼

Flying Hawk (geboren 1850, gestorben 1931) war Häuptling der Oglala-Lakota. Mit 24 Jahren kämpfte er, ein Neffe des berühmten Sitting Bull, am Little Big Horn gegen die Truppen General Custers. Im Vertrag von Fort Laramie (1868) wurde den Lakota feierlich zugesagt, daß sie für immer und unbeschränkt ihre damals große Reservation besitzen würden. In der Reservation befanden sich auch die heiligen Berge der Lakota, die Black Hills (Paha Sapa). Schon kurze Zeit danach wurde der Vertrag von den Weißen nicht eingehalten; in den Black Hills war Gold gefunden worden! Als die Lakota sich wehrten, schickte die amerikanische Regierung Truppen aus, um die „feindlichen und kriegerischen Indianer" endgültig zu unterwerfen. Im letzten Verzweiflungskampf der Prärie-Indianer besiegten Lakota, Cheyennen und Arapahos gemeinsam die Armee General Custers. Daraufhin erklärte die US-Regierung, daß der Vertrag von Fort Laramie nicht länger gültig sei.

ICH LIEBE MEIN TIPI, MEIN ZELT. Es ist immer sauber, es ist warm im Winter und kühl im Sommer, ich kann es auf meinen Wanderungen mitnehmen und aufstellen, wo immer ich will. Die weißen Menschen bauen große Häuser; ein Haus kostet sie viel Geld und ist doch nur ein großer Käfig, der die Sonne aussperrt und der krank macht und immer auf demselben Platz steht. Indianer und Tiere verstehen besser zu leben als die weißen Menschen, die vergessen haben, daß die Geschöpfe dieser Erde Luft und Sonne und klares Wasser brauchen, um gesund zu bleiben. Wenn der Große Geist gewollt hätte, daß wir immer am selben Ort leben, hätte er die Welt stillstehen lassen; er hat aber eine Welt geschaffen, die sich stets verändert, auf der sich Vögel und Tiere frei bewegen können, auf der sie immer frisches Gras und reife Beeren finden, auf der am Tag – während der Arbeit und des Spiels – die Sonne scheint und nachts das Dunkel die Schlafenden einhüllt. Im Sommer blühen die Blumen, im Winter schlafen sie; ewig verändert die Natur ihr Antlitz, und immer ist es gut.

Flying Hawk

FÜR UNS INDIANER war das weite Grasland, die Prärie, mit ihren schönen, wie Mereswogen dahinrollenden Hügeln, mit ihren sich schlängelnden Flüssen und den dicht verwachsenen Ufern keine „Wildnis". Nur der Weiße empfand die unberührte Natur als „Wildnis", verseucht mit „wilden" Tieren und „wilden" Menschen. Wir Indianer lebten ohne Furcht in diesem Land. Die Erde gab uns im Überfluß, und in allem sahen wir den Segen des Großen Geistes. Erst als die bärtigen Männer aus dem Osten kamen und uns und die Familien, die wir liebten, mit Haß und Wut verfolgten, wurde dieses Land für uns zu einer „Wildnis". Als die Tiere vor den Weißen aus den Wäldern zu fliehen begannen, fing für uns der „Wilde Westen" an.

Luther Standing Bear

Das Wort Prärie kommt aus dem Französischen und bedeutet Wiese. Bis vor kurzem war es im deutschen Sprachraum üblich, nicht nur das mit langem Gras bestandene Gebiet des Ostens so zu bezeichnen, sondern auch das weiter westlich gelegene Plains-Gebiet mit seinem kurzen Bison-gras in diesen Begriff mit einzu-beziehen. Hier lebten die Lakota und andere Plains-Völker als nomadisierende Büffeljäger.

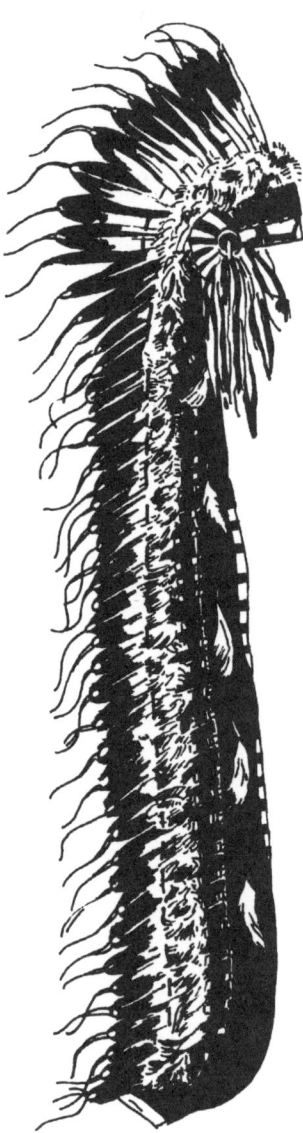

Wasichu: „die das Fett abschöp-fen" (die Reichen, die Weißen).

EINST WAREN WIR GLÜCKLICH in unserem Land, und wir waren nur selten hungrig. Zweibeiner und Vierbeiner lebten friedlich nebeneinander wie Brüder, und alle hatten mehr als genug. Aber dann kamen die Wasichu, die weißen Menschen, und sie machten kleine Inseln im Land für uns und andere kleine Inseln für die Vierbeiner, und diese Inseln werden kleiner und kleiner, denn die brandende Flut der Wasichu nagt an ihnen, eine Flut, die schmutzig ist von Lüge und Gier. Ich kann mich noch an jene Zeit erinnern, als es so viele Büffel gab, daß wir sie nicht zählen konnten. Aber mehr und mehr Wasichu kamen und töteten sie, bis nur noch Haufen gebleichter Gebeine dort lagen, wo die Büffelherden geweidet hatten. Die Wasichu töteten nicht um der Nahrung willen, sie töteten um des Metalles willen, das sie verrückt macht. Sie nahmen nur die Häute, um sie zu verkaufen. Manchmal nahmen sie nicht einmal die Häute, sondern nur die Zungen der Büffel. Manchmal nahmen sie nicht einmal das, sie töteten aus Lust am Töten. Wenn wir auf die Büffeljagd gingen, erlegten wir nur so viel, wie wir zum Leben brauchten.

Hehaka Sapa

▼▼▼▼▼▼▼▼▼▼

*Kojote, der kleine, listige Prärie-
wolf, erscheint in alten Indianer-
mythen als Verkörperung eines
Kulturheros, der die Menschen
alle lebensnotwendigen Fertig-
keiten lehrt und zwischen
Menschen und Schöpferkraft
vermittelt.*

ALLES, WAS IHR ESST, wird in eine Plastikhülle
gepackt, ist sauber zerteilt und vorbereitet für die
Pfanne, hat keinen Geschmack und erweckt in euch
keine Schuldgefühle. Wenn ihr eure Nerz- oder Rob-
benmäntel tragt, wollt ihr nicht daran erinnert werden,
wieviel Blut und Schmerz sie gekostet haben.

Wenn wir einen Büffel töteten, dann wußten wir, was
wir taten. Wir baten seinen Geist um Vergebung und
sagten ihm, warum wir es tun mußten. Wir ehrten mit
einem Gebet die Gebeine derer, die uns ihr Fleisch als
Nahrung gaben, wir beteten, daß sie wiederkommen
sollten, wir beteten für das Leben unserer Brüder, des
Büffelvolkes, genauso wie für unser eigenes Volk.

Für uns ist alles Leben heilig. Der Staat Dakota hat
eigene Beamte für die Schädlingsbekämpfung. Sie setzen sich in ein Flugzeug und erschießen die Kojoten
von der Luft aus. Sie führen Buch darüber, jeder tote
Kojote wird in ihr Notizheft eingetragen. Die Vieh- und
Schafzüchter bezahlen sie dafür. Kojoten ernähren sich
von Nagetieren, von Feldmäusen und anderem kleinem
Getier. Gelegentlich fressen sie ein Schaf, das sich verlaufen hat. Sie sind die natürlichen Abfallverwerter, sie
säubern das Land von allem, was faulig ist und stinkt.
Wer sich die Mühe macht und sie zähmt, für den sind
sie gute Spielgefährten. Doch wenn sie am Leben bleiben, haben einige Leute Angst, ein paar Cent zu verlie-
ren – und deshalb tötet man sie vom Flugzeug aus. Die
Kojoten waren in diesem Land, bevor die Schafe hier-
herkamen, aber sie sind euch im Weg: Ihr könnt aus
ihnen keinen Profit schlagen. Mehr und mehr Tiere

sterben aus. Die Tiere, die der Große Geist in dieses Land gesetzt hat, müssen fort. Nur die Haustiere, nur die vom Menschen gezüchteten Tiere dürfen leben – zumindest so lange, bis man sie in den Schlachthof treibt. Dieser entsetzliche Hochmut des weißen Menschen, der sich anmaßt, mehr als Gott zu sein, mehr als die Natur! Der Weiße sagt: „Ich lasse dieses Tier leben, denn es bringt mir Geld"; und er sagt: „Jenes Tier muß sterben, ich kann an ihm nichts verdienen, den Platz, den es braucht, kann ich besser verwenden. Nur ein toter Kojote ist ein guter Kojote." Die Weißen behandeln die Kojoten fast so schlimm, wie sie einst uns Indianer behandelt haben.

Lame Deer

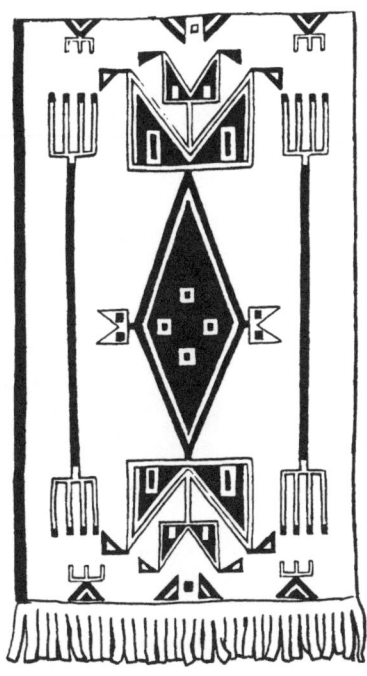

IHR VERBREITET TOD, ihr kauft und verkauft Tod, aber ihr verleugnet ihn; ihr wollt ihm nicht ins Gesicht sehen. Ihr habt den Tod steril gemacht, unter den Teppich gekehrt, ihn seiner Würde beraubt. Wir Indianer jedoch denken noch an den Tod, denken viel über ihn nach. Auch ich tue es. Heute wäre ein guter Tag zum Sterben – nicht zu heiß, nicht zu kalt –, ein Tag, an dem etwas von mir zurückbleiben könnte, um noch ein wenig hier zu verweilen. Ein vollkommener Tag für einen Menschen, der an das Ende seines Weges kommt. Für einen Menschen, der glücklich ist und viele Freunde hat.

Lame Deer

DIE WEISSEN HABEN NIEMALS ACHTUNG vor dem Land gehabt, und das Schicksal von Hirsch oder Bär ist ihnen gleichgültig. Wenn wir Indianer ein Tier töten, essen wir alles auf. Wenn wir Wurzeln ausgraben, machen wir kleine Löcher. Wenn wir Häuser bauen, graben wir kleine Löcher. Wenn wir wegen der Heuschrecken Gras abbrennen, zerstören wir dabei nichts. Wir schütteln die Eicheln und Nüsse von den Bäumen. Wir schneiden die Bäume nicht um. Wir verwenden nur totes, dürres Holz. Aber die weißen Menschen pflügen die Erde auf, fällen die Bäume, vernichten alles. Der Baum sagt: „Tu es nicht! Du fügst mir Schmerz zu. Verletz mich nicht!" Aber sie fällen und zerschneiden ihn. Der Geist des Landes haßt sie. Sie sprengen Bäume mitsamt ihren Wurzeln und verwunden die Erde. Sie sägen die Bäume in Stücke. Sie tun ihnen Leid an. Wir Indianer verletzen nichts und niemanden, aber die Weißen zerstören alles. Sie sprengen die Felsen und verstreuen sie weit über die Erde. Der Fels sagt: „Tu es nicht! Du fügst mir Schmerz zu." Aber die Weißen kümmern sich nicht darum. Wie kann der Geist der Erde die Weißen lieben? Überall, wo der weiße Mann die Erde berührt hat, ist sie krank.

Wintu-Indianerin

Die Wintu leben in einem Waldgebiet Kaliforniens, das infolge der Ausbeutung der Bodenschätze durch die weißen Amerikaner schwer gelitten hat. Der Ausspruch stammt von einer alten Wintu-Indianerin um 1900.

TAG FÜR TAG KANNST DU SEHEN, wie Farmarbeiter über dieses Land hier reiten. An ihrem Sattelhorn hängt ein Sack voll Körner. Wann immer sie einen Präriehundbau sehen, werfen sie eine Handvoll Hafer hinein, wie eine nette kleine alte Frau, die im Park die Tauben füttert. Nur, daß der Hafer für die Präriehunde mit Strychnin vergiftet ist. Wie es einem Präriehund ergeht, nachdem er diese Körner gefressen hat, das ist wahrlich kein schöner Anblick. Die Präriehunde müssen sterben, weil sie Gras fressen. Tausend Präriehunde fressen im Jahr soviel Gras wie eine Kuh. Wenn also der Farmer eine so große Anzahl von ihnen tötet, kann er sich eine Kuh mehr halten und ein bißchen mehr verdienen.

Für den Weißen ist jeder Grashalm und jede Wasserquelle mit einem Preisschild versehen. Damit fängt es an. Und sieh nur, wie es weitergeht! Luchs und Kojote, die sich bisher von Präriehunden ernährten, müssen jetzt ein Lamm, das sich verlaufen hat, oder ein krankes Kälbchen schlagen. Der Farmer ruft daher einen Mann von der Schädlingsbekämpfung und gibt ihm den Auftrag, diese Tiere zu töten. Der Mann kommt, schießt ein paar Kaninchen und legt sie als Köder aus, nachdem er ein Stückchen Holz hineingesteckt hat. Das Holzstück enthält eine Sprengladung, die Zyankali in das Maul des Kojoten schießt, der an dem Köder zerrt.

So wird die Prärie ein totes Land, in dem es kein Leben mehr gibt – keine Präriehunde, keine Dachse, keine Füchse, keine Kojoten. Auch die großen Raubvögel ernährten sich von Präriehunden; heute kannst du kaum noch einen Adler sehen. Der weißköpfige Seeadler ist das Wappentier der Vereinigten Staaten. Sein Bild schmückt euer Geld, aber eure Geldgier rottet ihn aus. Wenn ein Volk beginnt, seine eigenen Symbole zu vernichten, dann ist es schlecht um dieses Volk bestellt.

Lame Deer

VIELES IST TÖRICHT an eurer sogenannten Zivilisation. Wie Verrückte lauft ihr weißen Menschen dem Geld nach, bis ihr so viel habt, daß ihr gar nicht lang genug leben könnt, um es auszugeben. Ihr plündert die Wälder, den Boden, ihr verschwendet die natürlichen Brennstoffe, als käme nach euch keine Generation mehr, die all dies ebenfalls braucht. Die ganze Zeit redet ihr von einer besseren Welt, während ihr immer größere Bomben baut, um jene Welt, die ihr jetzt habt, zu zerstören.

Tatanga Mani

AUCH DER MENSCH besteht aus vielerlei. Woraus immer die Luft ist, die Erde, die Kräuter, die Steine, all das ist auch Teil unserer Körper. Wir müssen wieder lernen, wir selber zu sein und die Vielfalt in uns zu fühlen und zu entdecken. Wakan-Tanka, das Große Geheimnis, lehrt Tiere und Pflanzen, was sie tun sollen. In der Natur gleicht nichts dem anderen. Wie verschiedenartig sind die Vögel! Einige bauen Nester, andere nicht. Manche Tiere leben in Erdlöchern, andere in Höhlen, andere in Büschen. Wieder andere kommen überhaupt ohne Behausung aus.

Sogar Tiere derselben Art – zwei Hirsche, zwei Eulen – verhalten sich unterschiedlich. Ich habe viele Pflanzen aufmerksam betrachtet. Von den Blättern einer Pflanze, die alle auf demselben Stengel wachsen, ist keines ganz wie das andere. Auf der ganzen Erde gibt es keine zwei Blätter, die einander völlig gleichen. Der Große Geist hat es so gewollt. Für alle Geschöpfe auf der Erde hat er den Lebenspfad bloß im großen vorgezeichnet; er zeigt ihnen die Richtung und das Ziel, läßt sie aber ihren eigenen Weg dorthin finden. Er will, daß sie selbständig handeln, ihrem Wesen gemäß und ihren inneren Kräften gehorchend.

Wenn nun Wakan-Tanka will, daß Pflanzen, Tiere, sogar die kleinen Mäuse und Käfer, auf diese Weise leben – um wieviel mehr werden ihm Menschen, die alle dasselbe tun, ein Greuel sein: Menschen, die zur selben Zeit aufstehen, die gleichen im Kaufhaus erstandenen Kleider anziehen und dieselbe U-Bahn benützen, die im selben Büro sitzen, die gleiche Arbeit verrichten, auf ein und dieselbe Uhr starren und – was am schlimmsten ist – deren Gedanken einander zum Verwechseln ähnlich sind. Alle Geschöpfe leben auf ein Ziel hin. Selbst eine Ameise kennt dieses Ziel – nicht mit dem Verstand, aber irgendwie kennt sie es. Nur die Menschen sind so weit gekommen, daß sie nicht mehr wissen, warum sie leben. Sie benützen ihren Verstand nicht mehr, und sie haben längst vergessen, welche geheime Botschaft ihr Körper hat, was ihnen ihre Sinne und ihre Träume sagen.

Sie gebrauchen das Wissen nicht, das der Große Geist jedem von uns geschenkt hat, sie sind sich dessen nicht einmal mehr bewußt, und so stolpern sie blindlings auf der Straße dahin, die nach Nirgendwo führt – auf einer gut gepflasterten Autobahn, die sie selber ausbauen, schnurgerade und eben, damit sie um so schneller zu dem großen leeren Loch kommen, das sie am Ende erwartet, um sie zu verschlingen.

Lame Deer

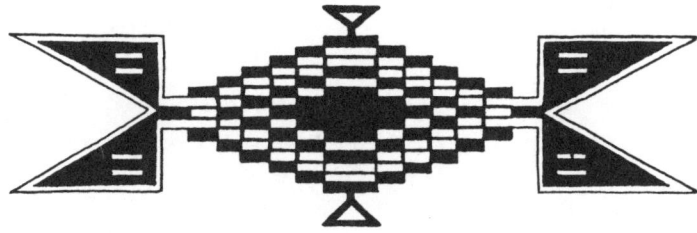

LANGE SCHON leben die weißen Menschen unter uns. Und doch erinnern sich einige von uns noch an die Zeit, als wir uns von Jagd und Fischfang ernährten und in unseren Dörfern keine Häuser, sondern Wigwams aus Birkenrinde standen.

In den alten Zeiten kleideten wir uns in Elchhäute und Felle, wir fertigten unsere Taschen aus der Haut der Tiere an und unsere Schüsseln und Teller aus Holz und Birkenrinde. Bevor der weiße Mann kam, waren unsere Messer und Tomahawks und all unser Werkzeug aus Stein. Mit einem Steinmesser schnitten wir den erlegten Elch auf, mit einem Werkzeug aus Stein häuteten wir ihn. Wir fischten mit einem steinernen Köderhaken, den wir mit Elchtalg eingefettet hatten und der an einer Schnur aus Elchsehnen hing. Unser Dasein war einfach und heiter, und unsere Ehen waren glücklich. Mann und Frau gaben dem Großen Geist ihr Eheversprechen. Unsere Religion lehrte uns, an den Großen Geist zu glauben, der alles erschaffen hat und der in allem gegenwärtig ist. Mit jedem Atemzug, so glaubten wir, nahmen wir teil an seinem Leben und seiner Kraft.

Bedagi

Bedagi (Big Thunder) gehörte zum Stamm der Wabanaki (Algonkin-Sprachfamilie). Die Wabanaki nennen sich „Kinder des Hügellandes", „Volk des Ostens".

Smohalla (geboren etwa 1815) gehörte zu den Nez Percé, einem kleinen Volk im Bundesstaat Washington. Als Gegengewicht zur weißen Zivilisation verbreitete er als Prediger und Redner die sogenannte „dreamer religion“. Träume wurden als Botschaften des Weltgeistes angesehen, sie übertrugen Kraft auf den Träumenden.

IHR WEISSEN MENSCHEN verlangt von uns, daß wir die Erde pflügen, daß wir Gras schneiden und daraus Heu machen und es verkaufen, damit wir reich werden. Ihr weißen Menschen kennt nur die Arbeit. Ich will nicht, daß meine jungen Männer euch gleich werden. Menschen, die immer nur arbeiten, haben keine Zeit zum Träumen, und nur wer Zeit zum Träumen hat, findet Weisheit.

Smohalla

Don C. Talayesva (Sun Chief, geboren 1890 in dem Hopidorf Oraibi) gehörte aufgrund seiner Erziehung zwei Kulturen an, er fühlte sich weder der einen noch der anderen zugehörig und litt darunter. Später lehnte er das Christentum völlig ab und wurde Mitglied verschiedener geheimer Hopi-Bünde. Zwischen 1938 und 1941 schrieb er für einen weißen Freund seine Lebensgeschichte auf.

ICH HATTE VIELE ENGLISCHE WÖRTER gelernt und konnte einen Teil der Zehn Gebote aufsagen. Ich wußte, wie man in einem Bett schläft, zu Jesus betet, sich kämmt, mit Messer und Gabel ißt und wie man die Toilette benutzt. Ebenso hatte ich gelernt, daß der Mensch mit dem Kopf denkt und nicht mit dem Herzen …

Don C. Talayesva

BRUDER, DU SAGST, ES GIBT NUR EINEN WEG, den Großen Geist zu verehren und ihm zu dienen. Wir verstehen dich nicht, Bruder. Uns wurde gesagt, daß deine Religion euren Vorfahren geschenkt und seit damals vom Vater auf den Sohn weitergegeben wurde. Auch wir haben eine Religion, die unseren Vätern geschenkt und an uns, ihre Kinder, weitergegeben wurde. Wir verehren den Großen Geist auf diese Weise. Unsere Religion lehrt uns, für alle Gaben, die wir erhalten, dankbar zu sein; sie lehrt uns, einig zu sein und einander zu lieben. Wir streiten niemals über religiöse Fragen, denn Religion ist etwas, das den einzelnen angeht und den Großen Geist – sonst niemanden.

Bruder, wir wollen dir deine Religion nicht wegnehmen oder sie gar vernichten; wir wollen nur unsere eigene behalten und uns an ihr freuen.

Red Jacket

Sa-Go-Ye-Wat-Ha („Er hält sie munter"), besser bekannt unter seinem Spitznamen Red Jacket (ein britischer Offizier hatte ihm eine rote Militärjacke verehrt, die er mit Begeisterung trug), lebte von ungefähr 1756 bis 1830. Sein Volk waren die Seneca, eine Nation im Irokesen-Staatenbund. Red Jacket sah sich selber nicht als Krieger, sondern als Redner („Ich bin ein Redner. Ein geborener Redner!"). Als im Jahr 1805 ein christlicher Laienprediger ins Gebiet der Irokesen kam, fand in Buffalo, New York, eine Versammlung indianischer Häuptlinge statt, auf der Red Jacket die Ansprache des Predigers mit einer großen Rede beantwortete. In dieser Rede begründete er die Ablehnung des Glaubens der Weißen. Als er danach dem Prediger die Hand reichen wollte, wies ihn dieser brüsk zurück.

▼▼▼▼▼▼▼▼▼

Seattle (geboren 1786, gestorben 1866) war Häuptling der Suqua-mish und Duwamish, die an der nordwestlichen Pazifikküste der Vereinigten Staaten lebten. Die-ser Text ist ein Teil aus seiner berühmten Rede, die er hielt, als sein Volk das angestammte Land aufgeben und in die Reservation ziehen mußte.

JEDER FUSSBREIT DIESER ERDE ist meinem Volk heilig. Jeder Hügel, jedes Tal, jede Ebene und jedes Stück Wald ist untrennbar mit Ereignissen vergangener Tage verknüpft, und diese Ereignisse, traurige und schöne, machen das Land für uns heilig. Sogar die Steine, die wie stumm und tot unter der heißen Sonne an der stillen Küste liegen, sind erfüllt von Erinnerungen an all das, was mit meinem Volk geschehen ist. Ja, selbst der Boden, auf dem ihr steht, der Staub unter euren Füßen, ist empfänglicher für unsere Schritte als für eure, denn er ist getränkt mit dem Blut unserer Vorfahren, und wenn unsere nackten Füße darüberschreiten, spüren wir seine freundliche Berührung. Unsere toten Krieger, unsere zärtlichen Mütter, unsere fröhlichen jun-gen Mädchen und selbst unsere kleinen Kinder, die hier lebten und sich für eine kurze Zeit ihres Lebens freu-ten, lieben die schwermütige Abgeschiedenheit dieses Ortes, und im Abenddämmern grüßen sie die Schatten jener, deren Geist hierher zurückkehrt. Und wenn der letzte rote Mensch von diesem Fleck Erde verschwun-den und die Erinnerung an meinen Stamm bei euch Weißen zu einer Legende verblaßt ist, werden diese Küsten von den unsichtbaren Toten meines Stammes bevölkert sein; und wenn die Kinder eurer Kinder glau-ben, allein auf den Feldern zu sein, in den Häusern, in den Geschäften, auf den Straßen oder in der Stille weg-loser Wälder, werden sie doch nie allein sein. Auf der ganzen Erde werdet ihr keinen Platz finden, wo ihr allein sein könnt. Nachts, wenn die Straßen eurer Städte und Dörfer still geworden sind und ihr sie verlassen glaubt, werden sich dort die Scharen jener drängen, die einst hier lebten und die dieses schöne Land noch immer lieben. Der weiße Mensch wird niemals allein sein.

Er möge gerecht sein und freundlich mit meinem Volk verfahren, denn die Toten sind nicht machtlos. Sagte ich „die Toten"? Es gibt keinen Tod, nur ein Hinübergehen in eine andere Welt.

Chief Seattle

BEVOR UNSERE WEISSEN BRÜDER KAMEN, um zivilisierte Menschen aus uns zu machen, hatten wir keine Gefängnisse. Aus diesem Grund hatten wir auch keine Verbrecher. Ohne ein Gefängnis kann es keine Verbrecher geben. Wir hatten weder Schlösser noch Schlüssel, und deshalb gab es bei uns keine Diebe. Wenn jemand so arm war, daß er kein Pferd besaß, kein Zelt oder keine Decke, so bekam er all dies geschenkt. Wir waren viel zu unzivilisiert, um großen Wert auf persönlichen Besitz zu legen. Wir strebten Besitz nur an, um ihn weitergeben zu können. Wir kannten kein Geld, und daher wurde der Wert eines Menschen nicht nach seinem Reichtum bemessen. Wir hatten keine schriftlich niedergelegten Gesetze, keine Rechtsanwälte und Politiker, daher konnten wir einander nicht betrügen. Es stand wirklich schlecht um uns, bevor die Weißen kamen, und ich kann es mir nicht erklären, wie wir ohne die grundlegenden Dinge auskommen konnten, die – wie man uns sagt – für eine zivilisierte Gesellschaft so notwendig sind.

Lame Deer

ICH HABE NOCH MEHR

Ich kann es mir nicht
vorstellen
ein Volk ohne Zuhaus
und doch sehe ich
täglich
wie sie ziellos umherirren
wie sie verzweifelt
nach Wurzeln und Dingen suchen
die ihrem Leben
einen Sinn geben sollen

Armer weißer Mann
in deiner Wut
in deinem Glanz
in all deinem Wohlstand
hast du dein Erbe
verloren
jetzt willst du meines
da
nimm es
ich habe noch mehr

John Twobirds Arbuckle

*Dieses Gedicht von John
Twobirds Arbuckle wurde
1978 in den „Akwesasne Notes"
veröffentlicht.*

QUELLENNACHWEIS

Die Texte dieses Buches wurden mit freundlicher Genehmigung der Verlage den folgenden Büchern entnommen:

Der Adler singt / Blau sinkt der Abend herab, aus: The Song Magic of Southern Arizona, Ruth Murray Underhill, © 1938 by the Regents of the Univ. of Calif., renewed 1966 by R. Murray Underhill. – Der Jäger spricht den Hirsch an, aus: Indian Heritage, Indian Pride. Stories That Touched My Life, Jimalee Burton, © 1974 by Univ. of Oklahoma Press. – Lied vom weißen Berg / Der Busch singt / Leuchtkäferlied / Wiegenlied, Frances Densmore, aus: American Indian Poetry. The Standard Anthology of Songs and Chants, ed. by G. W. Cronyon, Liveright, New York. – Texte von Tatanga Mani, aus: Tatanga Mani. Walking Buffalo of The Stonies, by Grant MacEwan, Hurting Publ. Ltd., Edmonton 1969. – Texte von N. Scott Momaday, Reprinted from The Way to Rainy Mountain, © 1969 by Univ. of New Mexico Press. – Ohiyesa-Text, aus: The Soul of the Indian by Ch. A. Eastman-Ohiyesa, Houghton Mifflin Co., Boston, © Virginia Eastman Whitbeck & Eleonor Eastman Mensel. – Texte von Luther Standing Bear, aus: Land of the Spotted Eagle, Univ. of Nebraska Press, © Shiyowin Miller, Temple City. – Nachtgesang der Navajo / Die Stimme des Blauvogels, aus: The American Indian Reader / Literature, San Francisco, Indian Historian Press. – Die Weißen haben niemals Achtung, aus: Religious Perspectives in College Teaching, ed. by H. N. Fairchild, J. Wiley & Sons, Inc., New York. – Texte von Lame Deer, aus: Lame Deer, Seeker of Visions. The Life of a Sioux Medicine Man by J. Fire/Lame Deer & R. Erdoes, Simon & Schuster, New York. – Wir lieben die Stille, aus: To Serve the Devil – Natives and Slaves, P. Jacobs & S. Landau, Vintage Books, N. Y. – Die Menschen meines Volkes, aus: Plenty Coups, Chief of the Crows, F. B. Linderman, Univ. of Nebraska Press & the John Day Comp. – Wenn du dein Herz, aus: Respect for Life, ed. by S. M. Morey & O. Gilliam, Myrin Inst. Books, N. Y. – Ich hatte viele engl. Wörter gelernt, aus: Sun Chief. The Autobiogr. of a Hopi Indian, by Leo W. Simmons, Yale Univ. Press. – Sterbelied / Gebet / Der Tag / Bitte, ein Kind zu segnen / Traumlied / Tod eines Sohnes, aus: In the Trail of the Wind. American Indian Poems and Ritual Orations, ed. by J. Bierhorst, Farrar, Strauss & Giroux, N. Y. – Ihr weißen Menschen, aus: Biogr. and Hist. of the Indians of North America, 1834, Grayelo Boston. – Bruder, du sagst, aus: The Life and Times of Sa-Go-Ye-Wat-Ha, Wiley & Putnam, N. Y., 1841. – Jeder Fußbreit, © Seattle Historical Society – Mahnung an die Häuptlinge, aus: White Roots of Peace, P. A. W. Wallace, Univ. of Pennsylv. Press. – Wir müssen füreinander, aus: Indian Corn Stories and Customs, Journal of American Folklore. – Ich bin ein Felsen / Die Erde ist schön / Ich habe noch mehr / Für ein Kind / Wenn wir der Erde / Großer Geist, aus: Akwesasne Notes, Mohawk Nation – Ich bin frei geboren, © Zuni Learning Center, Pueblo Zuni. – Woher wüßten wir / Lololomai / Maisblütenmädchen / Windlied / Lange schon, aus: The Indians' Book, by Nathalie Curtis, 1968, Dover Publications, Inc., N. Y. – Gebet an den jungen Zedernbaum, aus: F. Boas, Literature, Music and Dance. – Ich weine vor Durst / Die Mokassins, aus: Voices from Wah-kon-tah, ed. by R. K. Dodge & J. B. McCullough, Int. Publ., N. Y. – Texte von Hehaka Sapa/Black Elk, aus: Black Elk Speaks © by J. G. Neihardt Trust 1961. – Dort im Osten, aus: A Mescalero Apache Ceremony, Pliny Earle Goddard. – In Kanada / Ich liebe den Wolf / Wozu brauchen wir die Zeit / Ich tanze im Mondlicht / Die Augen des Adlers, aus: Indianerschulen v. C. Biegert, Rowohlt, Reinbek b. Hamburg. – Dieser Tag ist vorüber / Der Tag geht zu Ende / Am Wegrand, aus: Calvin O'John, The Whispering Wind. Poetry by Young American Indians, ed. by T. Allan, © 1972 Inst. of American Indian Arts. – Ich liebe mein Tipi, aus: Fireeater and Forked Tongues. A Sioux Chief Interprets U. S. History, M. I. McCreight, Trail's End Publ. Comp., Pasadena 1947.

Die Fotos stammen aus der Edward S. Curtis Gallery, Mill Valley, California, U. S. A., und aus dem Buch Florence Curtis Graybill: Ein Denkmal für die Indianer. Edward Sheriff Curtis und sein photographisches Werk über die Indianer Nordamerikas 1907–1930, München 1979.